高等学校土木工程学科专业指导委员会规划教材

（按高等学校土木工程本科指导性专业规范编写）

道路桥梁工程概预算

（道路与桥梁工程专业方向适用）

刘伟军　主编

刘伊生　主审

中国建筑工业出版社

图书在版编目（CIP）数据

道路桥梁工程概预算（道路与桥梁工程专业方向适用）/
刘伟军主编. —北京：中国建筑工业出版社，2016.5（2023.3重印）
高等学校土木工程学科专业指导委员会规划教材（按
高等学校土木工程本科指导性专业规范编写）
ISBN 978-7-112-19304-2

Ⅰ.①道…　Ⅱ.①刘…　Ⅲ.①道路工程-概算编制-高
等学校-教材②道路工程-预算编制-高等学校-教材③桥梁
工程-概算编制-高等学校-教材④桥梁工程-预算编制-高
等学校-教材　Ⅳ.①U415.13②U445.2

中国版本图书馆 CIP 数据核字（2016）第 064133 号

　　本书系统阐述了公路工程定额、公路工程概预算以及投标报价的基本原理和编制方法，共
六章，包括绪论、公路工程定额、概预算费用组成与计算、工程量计算、概预算文件编制、招
标控制价与投标报价等内容。全书基于交通运输部颁布的现行标准规范，通过大量实例解析了
相关理论知识的使用技巧。

　　本书除可作为高等学校土木工程、工程管理、交通工程等专业的相关课程教材外，也可供
交通土建领域的工程技术人员和管理人员参阅。

责任编辑：王　跃　吉万旺　刘晓翠
责任校对：李美娜　党　蕾

高等学校土木工程学科专业指导委员会规划教材
（按高等学校土木工程本科指导性专业规范编写）
道路桥梁工程概预算
（道路与桥梁工程专业方向适用）
刘伟军　主编
刘伊生　主审

*

中国建筑工业出版社出版、发行（北京西郊百万庄）
各地新华书店、建筑书店经销
北京科地亚盟排版公司制版
北京建筑工业印刷厂印刷

*

开本：787×1092毫米　1/16　印张：8　字数：168千字
2016年7月第一版　　2023年3月第三次印刷
定价：**20.00**元
ISBN 978-7-112-19304-2
（28552）

版权所有　翻印必究
如有印装质量问题，可寄本社退换
（邮政编码 100037）

本系列教材编审委员会名单

出 版 说 明

　　近年来，高等学校土木工程学科专业教学指导委员会根据其研究、指导、咨询、服务的宗旨，在全国开展了土木工程学科教育教学情况的调研。结果显示，全国土木工程教育情况在2000年以后发生了很大变化，主要表现在：一是教学规模不断扩大，据统计，目前我国有超过400余所院校开设了土木工程专业，有一半以上是2000年以后才开设此专业的，大众化教育面临许多新的形势和任务；二是学生的就业岗位发生了很大变化，土木工程专业本科毕业生中90%以上在施工、监理、管理等部门就业，在高等院校、研究设计单位工作的本科生越来越少；三是由于用人单位性质不同、规模不同、毕业生岗位不同，多样化人才的需求愈加明显。土木工程专业教指委根据教育部印发的《高等学校理工科本科指导性专业规范研制要求》，在住房和城乡建设部的统一部署下，开展了专业规范的研制工作，并于2011年由中国建筑工业出版社正式出版了土建学科各专业第一本专业规范——《高等学校土木工程本科指导性专业规范》。为紧密结合此次专业规范的实施，土木工程教指委组织全国优秀作者按照专业规范编写了《高等学校土木工程学科专业指导委员会规划教材（专业基础课）》。本套专业基础课教材共20本，已于2012年底前全部出版。教材的内容满足了建筑工程、道路与桥梁工程、地下工程和铁道工程四个主要专业方向核心知识（专业基础必需知识）的基本需求，为后续专业方向的知识扩展奠定了一个很好的基础。

　　为更好地宣传、贯彻专业规范精神，土木工程教指委组织专家于2012年在全国二十多个省、市开展了专业规范宣讲活动，并组织开展了按照专业规范编写《高等学校土木工程学科专业指导委员会规划教材（专业课）》的工作。教指委安排了叶列平、郑健龙、高波和魏庆朝四位委员分别担任建筑工程、道路与桥梁工程、地下工程和铁道工程四个专业方向教材编写的牵头人，于2012年12月在长沙理工大学召开了本套教材的编写工作会议。会议对主编提交的编写大纲进行了充分的讨论，为与先期出版的专业基础课教材更好地衔接，要求每本教材主编充分了解前期已经出版的20种专业基础课教材的主要内容和特色，与之合理衔接与配套，共同反映专业规范的内涵和实质。此次共规划了四个专业方向29种专业课教材，为保证教材质量，系列教材编审委员会邀请了相关领域的专家对每本教材进行审稿。

　　本系列规划教材贯彻了专业规范的有关要求，对土木工程专业教学的改革和实践具有较强的指导性。在本系列规划教材的编写过程中得到了住房和城乡建设部人事司及主编所在学校和单位的大力支持，在此一并表示感谢。希望使用本系列规划教材的广大读者提出宝贵意见和建议，以便我们在重印再版时得以改进和完善。

高等学校土木工程学科专业指导委员会

中国建筑工业出版社

2015年9月

前　　言

　　根据高等学校土木工程学科专业指导委员会编制的《高等学校土木工程本科指导性专业规范》，工程概预算是土木工程专业道路与桥梁工程方向的核心实践单元。工程概预算是从事土木工程建设、设计、招投标、施工、造价咨询等方面的工程技术与管理人员必备的专业知识。

　　本教材基于《高等学校土木工程本科指导性专业规范》中要求掌握的知识点，结合我国道路桥梁工程概预算编制的实际情况，在系统介绍概预算编制基本原理和方法的同时，对教材内容进行了必要的充实，既增加了工程定额、工程量计算等影响概预算编制准确性的知识点，又扩充了以概预算为基础的招标控制价和投标报价编制等内容，提高了该核心知识点的系统性。

　　本教材共分6章，每章都明确了"知识点"、"基本要求"、"重难点"，方便教师教学和学生自学。本书附有完整的预算编制案例，为学生理论联系实际，提高实践能力提供了平台。

　　全书由刘伟军（长沙理工大学）主编并统稿，其中，第1、2、3章由刘伟军编写，第4、5章由杨玉胜（长沙理工大学）编写，第6章由朱文喜（长沙理工大学）、刘伟军编写。长沙理工大学管理科学与工程专业的多名硕士研究生对例题、习题和附录进行了计算和校对。本书由北京交通大学刘伊生教授主审。

　　由于编者水平有限，书中难免出现疏漏和不妥之处，敬请提出宝贵意见。

编　者

2014 年 9 月

目　录

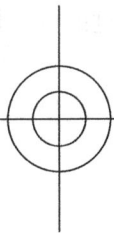

第1章

绪　论

本章知识点

【知　识　点】公路工程基本建设程序及投资额测算体系、概预算的
　　　　　　基本知识、概预算管理、公路工程造价工程师执业资
　　　　　　格制度。
【基本要求】掌握概预算的基本知识，熟悉公路工程基本建设程序
　　　　　　及投资额测算体系，了解概预算管理工作内容和造价
　　　　　　工程师执业资格制度。
【重　　　点】概预算的基本知识、公路工程基本建设程序及投资额
　　　　　　测算体系。

1.1　概述

工程建设项目从规划到建成运营必须遵循基本建设程序，工程概预算是
基本建设程序中设计阶段计算工程建设所需全部费用的文件，是工程设计文
件的重要组成部分。

1.1.1　公路工程基本建设程序与投资额测算体系

1. 公路工程基本建设程序

基本建设程序是指基本建设项目从决策、立项到建成投产所经历的整个
过程中各项工作开展的先后顺序，其反映工程建设的主要工作内容及各工作
之间的内在联系。现阶段我国公路工程基本建设程序如图 1-1 所示。

其中主要工作内容如下：

（1）项目建议书

根据国民经济和社会发展规划及公路网规划，提出项目建议书。项目
建议书是进行各项准备工作的依据，对建设项目提出包括目标、要求、原
料、资金来源等的说明，经审批通过的项目建议书是编制可行性研究的
依据。

（2）工程可行性研究

工程可行性研究是根据国民经济和社会发展规划、公路网规划和项目建
议书，通过踏勘和调查研究，提出项目的建设规模、技术标准并进行经济效

1

益分析，以提高项目建设决策的科学性和经济合理性。经审批通过的可行性研究报告是进行工程设计的依据。

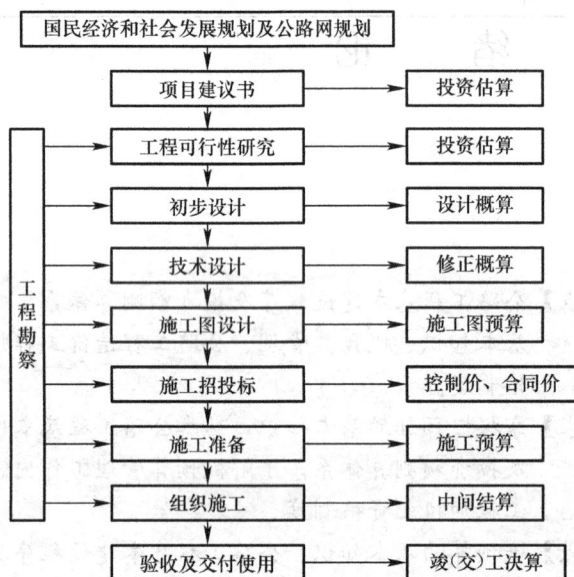

图 1-1 基本建设程序

（3）工程勘察

工程勘察是运用各种科学技术方法，为查明工程项目建设地形、地貌、土质、岩性、地质构造、水文等自然条件而进行的测量、测试、观察、勘探、鉴定和综合评价等工作，其目的是为设计和施工提供可靠的地形、地质及水文等资料。

（4）工程设计

工程设计是对工程所需技术、经济、资源和环境等条件进行综合分析，编制设计图纸等设计文件的活动过程。公路工程一般采用两阶段设计，即初步设计和施工图设计。对于规模小且技术简单的小型项目，可采用一阶段设计，即施工图设计。对于缺乏经验的技术复杂项目，可采用三阶段设计，即初步设计、技术设计和施工图设计。

（5）施工招投标

施工招投标，包含招标与投标两部分内容，是建设市场的一种交易形式，其由招标人（或其委托代理机构）组织招标，吸引具备资格的投标人进行平等竞争，从中择优选择中标人的交易过程。道路桥梁工程属于关系社会公共利益、公众安全的大型基础设施项目，根据《中华人民共和国招标投标法》的规定，其项目的勘察、设计、施工、监理以及与工程建设有关的重要设备、材料等的采购，必须进行招标。

（6）施工准备

施工准备工作包括工程施工前所做的一切工作，其是组织施工的前提。具体包括技术、组织、资源、劳力和现场等方面的计划准备工作，要求结合项目技术、经济及所在社会自然环境的特点，开展细致认真的施工准备工作，以保证施工的顺利进行。

（7）组织施工

遵守法律法规，按计划、设计图纸、标准规范和合同文件等，科学组织开展各项工程施工任务。施工过程中应确保工程质量，安全施工，推广应用新工艺、新技术、新机械，合理控制施工进度和工程造价，同时注意保护环境。

（8）验收及交付使用

公路工程必须通过验收合格后，才能交付使用。公路工程验收分为交工验收和竣工验收两个阶段。

交工验收是检查施工合同的执行情况，评价工程质量是否符合技术标准及设计要求，是否可以移交下一阶段施工或是否满足通车要求，对各参建单位工作进行初步评价。由项目法人负责。

竣工验收是综合评价工程建设成果，对工程质量、参建单位和建设项目进行综合评价。由交通主管部门负责。

2. 公路工程基本建设投资额测算体系

公路工程基本建设的各个环节，都需要及时测算完成工程项目所需的全部费用，即投资额测算。随着基本建设程序的开展，测算依据和要求都有不同，各个环节的投资额测算工作为：投资估算→概算→施工图预算→招标控制价（合同价）→工程结算→竣工决算等，构成了一个由粗到细、逐步准确的投资额测算体系。

（1）投资估算

投资估算是对拟建工程项目的全部投资费用进行的首次预测估计，是项目建议书和工程可行性研究报告的重要组成部分，是建设项目经济评价中支出费用的关键部分。

根据投资估算的作用及内容深度的不同，公路工程投资估算分为项目建议书投资估算和工程可行性研究投资估算两大类，根据《公路工程基本建设项目投资估算编制方法》和《公路工程估算指标》进行编制。可行性研究报告被批准后，投资估算则是控制概算的依据。

（2）概算

公路工程概算分为设计概算和修正概算。设计概算是指在初步设计阶段，结合初步设计文件和调研资料，在投资估算的基础上，对工程项目投资费用的测算。修正概算是在技术设计阶段，对初步设计成果作进一步修改、调整后，重新计算其工程投资额的经济文件。概算经批准后是基本建设项目投资最高限额。

（3）施工图预算

施工图预算是指在施工图设计阶段，结合施工图设计文件和调研资料，在概算的基础上，对工程项目投资费用的测算。以施工图设计进行招标的工程，经审定后的施工图预算是编制招标控制价的依据。

（4）招标控制价（合同价）

招标控制价是指在工程招投标阶段，招标人根据国家或省级、行业建设主管部门颁发的有关计价依据和办法，以及拟订的招标文件和招标工程量清单，结合工程具体情况编制的招标工程的最高投标限价。

合同价是指在工程招投标阶段，承发包双方根据合同条款及有关规定，通过签订工程承包合同所计算和确定的拟建工程价格。

（5）中间结算

中间结算是指在合同履行过程中，合同双方按计量的工程量或工作量，依据合同价和相关合同条款及规定，合理确定已完工程的造价并办理支付的过程。

（6）竣工决算

竣工决算是指在竣工验收阶段，由建设单位编制的从项目申请立项到建成投入使用的全部实际费用的技术经济文件。是公路竣工验收、交付使用的重要依据。它全面反映了竣工项目从筹建到交付使用全过程各项资金的使用情况和设计概算的执行结果，是公路建设成果和财务情况的总结性文件。

1.1.2 概算、预算的概念和作用

1. 概算、预算的概念

公路工程基本建设项目概算、预算（简称概预算）是指在基本建设过程中，根据不同设计阶段的设计文件、施工组织文件、定额，及国家和政府各级主管部门的相关标准和规定，预先测算项目从筹建到竣工验收交付使用所需要全部费用的文件。

2. 概算的作用

概算（修正概算）是初步设计文件或技术设计文件的重要组成部分。其主要作用有：

（1）经批准后的概算是基本建设项目投资的最高限额；

（2）概算是编制建设项目投资计划，确定和控制建设项目投资的依据；

（3）概算是控制施工图设计和施工图预算的依据；

（4）概算是衡量设计方案经济合理性和选择最佳设计方案的依据；

（5）概算是考核建设项目投资效果的依据。

3. 预算的作用

预算是施工图设计文件的重要组成部分。其主要作用有：

（1）预算经审定后，是确定工程造价、编制或调整固定资产投资计划和考核工程成本的依据；

（2）以施工图设计进行施工招标的工程，经审定的预算是编制标段清单预算、工程标底或控制价的依据，也是分析、考核施工企业投标报价合理性的参考；

（3）对不宜实行招标而采用施工图预算加调整价结算的工程，经审定后

的预算作为确定合同价款的基础或作为审查施工企业提出的施工预算的依据。

1.1.3 概算、预算的特点

（1）大额性

工程项目的建设体积庞大，需要投入大量的人工、材料和机械设备，以及动辄数百万元、数千万元，甚至几百亿元的资金。项目概预算金额的大额性使它不仅关系到建设各方的重大经济利益，同时对国家的宏观经济调控也产生较大影响。

（2）单件性

任何一个工程项目都有独特的技术经济特点，受建设地点的自然环境和社会环境影响大。因此，每一个工程项目都必须结合其具体情况，单独计算该项目的概预算。

（3）层次性

一个工程项目一般可以逐层划分为：单项工程、单位工程、分部工程、分项工程。与此相对应，工程项目概预算是从各分部分项工程算起，逐项计算，层层汇总，最终得到一个完整项目的概预算金额。

1.1.4 概算、预算编制依据

概算、预算编制前应熟悉工程项目的基础资料，了解项目所在地的基本情况。编制的主要依据如下：

（1）工程项目建设的有关批文

工程项目建设必须遵循基本建设程序，上一环节的批文是开展下一阶段工作的基础。

（2）设计图纸和施工组织设计资料

设计图纸和施工组织设计资料是指导施工的指令性文件。图纸全面反映了工程项目的形式、内容、地质状况、结构尺寸和施工技术要求，是确定工程数量的主要依据。施工组织设计资料确定了工程项目的施工方案、施工期限和施工方法，是计算有关费用，套用相应定额的依据。

（3）编制办法和定额等行业标准

概预算必须按照中华人民共和国交通运输部发布的《公路工程基本建设项目概算预算编制办法》JTG B06—2007、《公路工程概算定额》JTG/T B06-01—2007、《公路工程预算定额》JTG/T B06-02—2007 以及《公路工程机械台班费用定额》JTG/T B06-03—2007 等标准进行编制。

（4）征地拆迁

调查了解项目所在地的工程建设征用和租用土地的补偿标准以及相关税费的征收规定。搜集项目建设所需征地拆迁的原始数据。

（5）自然条件

项目所在地的沿线地形、地质、水文和气候等影响工程项目建设的自然

6

因素。

（6）社会条件

项目所在地的政治、历史、区情、风俗等影响工程项目建设的社会因素。

（7）当地物资、劳务、动力、社会运力等供应情况

本着因地制宜、就地取材的原则，对当地技术物资、生活物资、劳动力、用水、用电、运输方式、运输能力和运输费用等进行深入的调查了解。

（8）沿线设施及其他

如旧有建筑物的拆迁，沿线文物，管线交叉等。与水利、电信、铁路的干扰及解决措施，清除场地、管理养护及服务设施。

1.2　公路工程概预算管理

1.2.1　工程概预算制度的形成与发展

工程概预算制度产生于英国，其发展过程大致可分为三个阶段。第一阶段：16 世纪到 18 世纪末，由"工料测量员"对已完工程的工程量进行测量并估价，这是预算工作的初级阶段。第二阶段：19 世纪初期开始，英国政府决定在工程建设中实行总承包合同制，这就要求"预算师"在开工之前，按照施工图纸进行工程量计算，以作为承包人投标的基础，中标后的预算书就成为合同文件的重要组成部分。从此预算制度初步建立，1868 年成立英国预算师学会，该学会于 1881 年被授予皇家特许奖成为现在的英国皇家特许测量师学会。第三阶段：20 世纪 40 年代开始，投资计划和控制的方法得到广泛应用，建立并逐步完善"投资计划和控制的制度"。

我国在经济建设的"一五"计划时期开始建立统一的预算制度。1958 年后，中央不再统管概预算工作，下放给各省、市、自治区管理。1967 年废除了预算制度，实行经常费办法，即施工企业的工资和管理费由国家拨付，材料费向建设单位实报实销。1973 年取消经常费办法，恢复预算制度。中共十一届三中全会以后，伴随国家经济体制改革的不断深入，适应社会主义市场经济的工程概预算制度逐步建立起来并不断得到修改和完善。

总之，无论是国外还是国内，概预算制度都是随着商品经济的发展而逐步形成与不断完善的，而且，随着时间的推移，会进一步得到加强和完善。就公路工程概预算而言，其形成和发展一方面与我国经济建设的发展密切相关，另一方面也直接反映我国公路建设的发展情况。随着公路建设的持续发展和公路基本建设投资管理水平的不断提高，公路工程概预算管理也在不断改进和加强。

1.2.2　公路工程概预算管理工作内容

工程概预算管理的基本内容是准确地测算工程项目建设所需的全部费用。对测算过程进行监控，及时总结，分析可能出现问题或偏差的因素，并采取

相应的措施。

就目前我国公路工程概预算管理的现状而言，为提高概预算的准确度，需要加强以下方面：

（1）概预算基础资料的积累：施工企业、造价咨询公司、造价管理机构等应进一步加强对工程项目概预算相关数据的收集、整理。

（2）概预算计价依据的管理：计价依据包括定额、费用组成、取费标准等。计价依据的科学性是影响概预算准确性的主要因素。

（3）概预算编制人员的管理：概预算编制人员的专业技能、经验和素养直接决定了概预算的准确性。我国在加强相关执业资格考试的同时，也正在逐步完善相关制度。

1.2.3 造价工程师执业资格制度

造价工程师执业资格制度是工程造价管理的一项基本制度。造价工程师的职业资格，是履行工程造价管理岗位职责与业务的准入资格。凡从事工程建设活动的建设、设计、施工、工程造价咨询、工程造价管理等单位和部门，必须在计价、评估、审查（核）、控制及管理等岗位配备有造价工程师执业资格的专业技术人员。

1. 国外注册造价工程师制度

英国造价工程师称为工料测量师。预算师资格由英国皇家特许测量师学会授予。工料测量专业的本科毕业生以及经过专业知识考试合格的人员，需要通过3年以上的工作实践，在英国皇家特许测量师学会规定的各项专业能力考核科目范围内，获得较丰富的工作经验，在考核合格后，由学会发给合格证并吸收为学会会员（ARICS），成为预算师。

美国的造价工程师执业资格考试制度在专业理论、研究和实际应用等方面，在学习和借鉴英国工程造价思想的基础上，按照市场的实际需要不断调整和改进自身的专业内容和标准。在美国，造价工程师执业资格的资质是执业造价工程师（Certified Cost Engineer，CCE）或执业造价咨询师（Certified Cost Consultant，CCC）。CCE与CCC在资格考试内容和其他方面都是一样的，唯一的区别在于申请人报考条件的不同：CCE要求报考人员至少拥有8年的专业工作经历，并且必须具有4年被协会认可的工程造价专业的教育背景；而CCC则要求报考人员在拥有8年的专业工作经历的基础上，只要具有4年与工程造价相关专业的学历背景即可或无学历背景，但申请人的实际工作经历被协会认可，也可参加资格考试。

在日本，造价工程师被称为建筑积算师。建筑积算师资格考试每年举行一次，分为理论考试和实践操作考试两大部分，并规定：只有参加第一阶段理论部分考试合格的人员，才有资格进入第二阶段的考试。申请人的报考条件较其他国家较为宽松：即大学毕业者，从事专业工作2年以上；大专毕业者，从事专业工作3年以上，以及高中毕业者，从事专业工作7年以上，均可报名参加资格考试。

2. 我国造价工程师执业资格制度

(1) 我国造价工程师执业资格制度的建立

1996 年 8 月，人事部、建设部联合发布了《造价工程师执业资格制度暂行规定》，明确国家在工程造价领域实施造价工程师执业资格制度。

1997 年 3 月，建设部和人事部联合发布了《造价工程师执业资格认定办法》。

为了加强对造价工程师的注册管理，规范造价工程师的执业行为，2000 年 3 月，建设部颁布了第 75 号部长令《造价工程师注册管理办法》，2002 年 7 月，建设部制定了《〈造价工程师注册管理办法〉的实施意见》，2002 年 6 月，中国工程造价管理协会制定了《造价工程师继续教育实施办法》和《造价工程师职业道德行为准则》，由此，造价工程师执业资格制度逐步完善起来。

(2) 我国造价工程师考试制度

为加强对建设工程造价的管理，提高工程造价专业人员的素质，确保建设工程造价管理工作的质量，人事部、建设部 1996 年颁布的《造价工程师执业资格制度暂行规定》中要求：

1) 申报报考条件。《造价工程师执业资格制度暂行规定》规定，凡中华人民共和国公民，遵纪守法并具备以下条件之一者，均可申请参加造价工程师执业资格考试：

① 工程造价专业大专毕业后，从事工程造价业务工作满 5 年；工程或工程经济类大专毕业后，从事工程造价业务满 6 年。

② 工程造价专业本科毕业后，从事工程造价业务工作满 4 年；工程或工程经济类本科毕业后，从事工程造价业务工作满 5 年。

③ 获上述专业第二学士学位或研究生班毕业和获硕士学位后，从事工程造价业务工作满 3 年。

④ 获上述专业博士学位后，从事工程造价业务工作满 2 年。

2) 考试内容。按照住房和城乡建设部、人力资源和社会保障部的设想，造价工程师应该是既懂工程技术，又懂经济、管理和法律并具有实践经验和良好职业道德的复合型人才。因此考试内容包括：

① 工程造价的相关知识，如投资融资理论、经济法与合同管理、项目管理等知识。

② 工程造价的确定与控制，除掌握基本概念外，主要掌握和了解造价确定与控制的理论与方法。

③ 工程技术与工程计量，这一部分分两个专业考试，即建筑工程与安装工程，主要掌握两专业基本技术知识与计量方法。

④ 案例分析，考查考生解决实际问题的能力，含计量或审查专业单位工作量，编制或审查专业工程投资估算、概算、预算、标底价、结（决）算、投标报价，编制补充定额的技能等。

3) 我国造价工程师执业资格注册制度

造价工程师执业资格实行注册登记制度，以加强对造价工程师的注册管理，规范造价工程师的执业行为，提高造价管理工作的质量，维护国家和社会公共利益。注册登记制度规定：

① 从事工程造价业务活动的专业技术人员，只有在取得《造价工程师执业资格证》和《造价工程师注册证》以后，才具有造价工程师执业资格，才能以造价工程师名义从事建设工程造价业务，签署具有法律效力的工程造价文件。

② 国务院建设行政主管部门负责全国造价工程师的注册管理工作，并对造价工程师的注册和执业实施指导和监督。省、自治区、直辖市人民政府和国务院有关行政主管部门负责管辖范围内的造价工程师注册管理工作，并对其注册和执业实施指导和监督。

③ 经全国造价工程师执业资格统一考试合格人员，在取得《造价工程师执业资格证》3个月内到所在地区或部门注册初审机构申请注册。经考试合格人员逾期未申请注册，或申请未获批准，其资格可保留2年，2年期满再申请注册需要参加规定的业务培训，并达到继续教育水准。经批准注册的造价工程师，由其单位所在地区或部门注册初审机构核发由国务院建设行政管理部门统一印制的《造价工程师注册证》和造价工程师执业专用章。

1.3 小结

本章介绍了公路工程基本建设程序及其对应的投资额测算体系、概算预算的概念、作用、特点及编制依据，并对概预算制度的形成与发展和造价工程师执业资格制度进行了说明。

习题

1-1 公路工程基本建设程序是什么？

1-2 工程项目投资额测算体系的内容和特点是什么？

1-3 概算、预算的定义和特点是什么？

1-4 概算、预算的作用是什么？

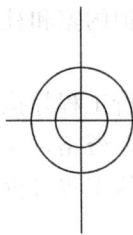

第2章
公路工程定额

本章知识点

> 【知 识 点】定额的基本知识、概预算定额的套用、补充定额的
> 编制。
> 【基本要求】熟悉定额的基本知识，掌握概预算定额的套用方法，
> 了解补充定额的编制方法。
> 【重 点】定额的基本知识、概预算定额的套用。

2.1 概述

2.1.1 基本概念

1. 定额

公路工程定额是在正常施工条件下，完成规定计量单位的符合国家技术标准、技术规范（包括设计、施工、验收等技术规范）和质量评定标准，并反映一定时间施工技术和工艺水平所必需的人工、材料、施工机械台班（时）消耗量的额定标准。

2. 定额水平

定额水平反映定额消耗量标准的高低，它与当时的生产因素及生产力水平有着密切的关系，是一定时期社会生产力的反映。定额水平高反映生产力水平较高，完成单位合格产品所需消耗的资源一般就较少。

2.1.2 定额的分类

定额是一个综合概念，对应一系列定额指标。

1. 按生产要素分类

按定额反映的生产要素消耗内容，把工程定额分为劳动消耗定额、机械台班消耗定额和材料消耗定额。

（1）劳动消耗定额，简称劳动定额。是指完成一定的单位合格产品规定消耗劳动的数量标准。劳动消耗定额的主要表现形式是：

1）时间定额：某种专业、某种技术等级工人班组或个人（某种机械），在合理的劳动组织、生产组织与合理使用材料及某种机械配合的条件下（或某种机械在一定的生产组织条件下），完成单位合格产品所必须消耗的工作时间。时间定额以工日或台班为单位。

2）产量定额：在合理的劳动组织、生产组织与合理使用材料及某种机械配合的条件下，某种专业、某种技术等级工人班组或个人（某种机械）在单位工日（台班）所完成的合格产品数量。其与时间定额成反比。

（2）机械台班消耗定额，简称机械定额。是指完成一定的单位合格产品规定消耗机械台班的数量标准。机械台班消耗定额的主要表现形式是时间定额（如：台班/m³）和产量定额（如：m³/台班）。

（3）材料消耗定额，简称材料定额。是指完成一定的单位合格产品规定消耗材料的数量标准。

材料是指工程建设中使用的原材料、成品、半成品、构配件、燃料以及水、电等动力资源的统称。材料作为劳动对象构成工程的实体，需用数量很大，种类繁多。材料定额一般以材料的实物计量单位来表示，如 kg、m、t 等。

2. 按用途分类

按定额的用途分为施工定额、预算定额、概算定额、估算指标。

（1）施工定额，是施工企业为组织生产和加强管理在企业内部使用的一种企业生产定额，是定额中分项最细、定额子目最多的一种定额，是工程建设中的基础性定额，是编制预算定额的基础。

（2）预算定额，以人工、材料、机械台班消耗量表现的工程预算定额，是编制施工图预算的依据，是编制概算定额的基础。

（3）概算定额，以人工、材料、机械台班消耗量表现的工程概算定额，是编制设计概算的依据，是编制估算指标的基础。

（4）估算指标，以人工、材料、机械台班消耗量表现的指标，是编制项目建议书和可行性研究报告投资估算的依据。

3. 按编制单位和使用范围分类

按定额编制单位和使用范围的不同，分为全国统一定额、行业统一定额、地方统一定额、企业定额。

（1）全国统一定额，是由国家建设行政主管部门，综合全国工程建设中技术和施工组织管理的情况编制，并在全国范围内执行的定额。

（2）行业统一定额，是考虑到各行业部门专业工程技术特点，以及施工生产与管理水平编制的，一般只在本行业和相同专业性质的范围内使用的专业定额，如公路工程定额、铁路工程定额。

（3）地区统一定额，是省、自治区、直辖市定额。地区统一定额主要是考虑地区特点和全国统一定额水平作适当调整和补充编制的。

（4）企业定额，是指施工企业基于本企业具体情况，参照国家、地区或部门定额水平制定的定额。企业定额只在企业内部使用，是企业技术水平和管理水平的一个标志。

2.1.3　定额的特点

（1）科学性

工程定额的科学性包括两重含义。一重含义是指定额和生产力发展水平相适应，反映出工程建设中生产消耗的客观规律；另一重含义，是定额管理在理论、方法和手段上适应现代科学技术和信息社会发展的需要。

（2）系统性

工程定额是由多种定额有机结合而成的综合体。为工程项目建设各阶段计价服务的定额是多种类、多层次且相互联系的。

（3）统一性

工程定额的统一性，主要是由国家对经济发展的有计划的宏观调控职能决定的。为了使国民经济按照既定的目标发展，就需要借助于某种标准、定额、参数等，对工程建设进行规划、组织、调节、控制。而这些标准、定额、参数必须在一定范围内是一种统一的尺度，才能实现上述职能。

（4）指导性

工程定额作为主要的计价依据，用于指导工程建设项目价格的形成，规范建设市场的交易行为。

（5）稳定性和时效性

定额是一定时期技术水平和管理水平的反映，因而在一段时期内都表现出稳定的状态。但定额的稳定性是相对的，当定额与发展进步的生产力不适应时，就需要重新编制或修订。

2.2　预算定额

预算定额是指在合理的施工组织设计、正常施工条件下，生产一个规定计量单位合格的结构构件或分项工程所需的人工、材料和机械台班的社会平均消耗量标准。

2.2.1　预算定额的作用

（1）是编制施工图预算，确定建筑安装工程造价的基础

施工图设计确定后，预算就取决于预算定额和人工、材料及机械台班的价格。预算定额反映人工、材料和机械台班的消耗量，进而影响建筑产品价格。

（2）是编制施工组织设计的依据

施工组织设计的主要任务之一，是确定施工中所需资源的需求量，并作出科学安排。施工单位在缺乏本企业的施工定额的情况下，根据预算定额，能比较合理地计算出施工中各项资源需要量，为有计划地组织资源供应，提供了可靠依据。

（3）是施工单位进行经济活动分析的依据

预算定额规定的物化劳动和劳动消耗标准，是施工单位在生产经营中允

许消耗的最高标准。施工单位可根据预算定额对施工中的劳动、材料、机械的消耗情况进行具体的分析，以便找出并克服低功效、高消耗的薄弱环节，提高竞争能力。

（4）是编制概算定额的基础

概算定额是在预算定额的基础上综合扩大编制的，以预算定额作为编制依据，不但可以节省编制工作的大量人力、物力和时间，收到事半功倍的效果，还可以使概算定额在水平上与预算定额保持一致，以免造成执行中的不一致。

（5）是合理编制招标控制价、投标报价的依据

预算定额本身具有科学性和统一性，在编制招标控制价和投标报价时发挥指导性作用。

2.2.2　预算定额的内容

《公路工程预算定额》JTG/T B06-02—2007 包括路基工程、路面工程、隧道工程、桥涵工程、防护工程、交通工程及沿线设施、临时工程、材料采集及加工、材料运输共九章及附录。主要内容包括总说明、章节说明、定额表及附录。

1. 预算定额的总说明及各章、节说明

（1）总说明的内容

预算定额的适用范围、指导思想及目的、作用；预算定额的编制原则、主要依据及有关定额修编文件；对各章、节都适用的统一规定；定额所采用的标准及允许抽换定额的原则；定额中包括的内容；对定额中未包括的项目需编制补充定额的规定。

（2）章、节说明的内容

本章、节包括的内容；本章、节工程项目的统一规定；本章、节工程项目综合的内容及允许抽换的规定；本章、节工程项目的工程量计算规则。

2. 预算定额表

定额表主要内容包括：

（1）工程项目名称及定额单位。

（2）工程项目包括的工程内容。

（3）完成定额单位工程的人工、材料和机械的名称、单位、代号、数量。

（4）定额基价。

（5）表注。有些定额项目下还列有在章、节说明中没有包括的，仅供本定额项目使用的注释。

3. 附录

附录是编制定额、定额合理套用不可缺少的组成部分，包括以下内容：

（1）路面材料计算基础数据。

（2）基本定额。包括：桥涵模板工作，砂浆及混凝土材料消耗，脚手架、踏步、井字架工料消耗，基本定额材料规格与质量等。

（3）材料的周转及摊销。包括：混凝土和钢筋混凝土构件、块件模板材料周转及摊销次数，脚手架、踏步、井字架、金属门式吊架、吊盘等摊销次数，临时轨道铺设材料摊销，基础及打桩工程材料摊销次数，灌注桩设备材料摊销，吊装设备材料摊销次数，预制构件和块件的堆放、运输材料摊销次数。

（4）定额基价人工、材料单位质量、单价表。

2.2.3　预算定额的套用

1. 预算定额的编号

编制预算文件时，在计算表格中均要列出所引用的定额表号，一般采用章—表—栏的 8 位数编号方法，即"章"占 1 位，"节"占 2 位，"表"占 2 位，"栏"占 3 位。例如 41109001，表示预算定额第 4 章第 11 节第 9 个表的第 1 栏。

2. 定额套用的要点

（1）正确选择子目，不重不漏；

（2）子目名称简练直观，尤其在修改子目名称时；

（3）看清工程量计量单位，特别在抽换、增量计算时更应注意；

（4）详细阅读总说明、章节说明及小注；

（5）设计图纸要求和定额子目或序号是否一致，若不一致则可能要抽换；

（6）施工方法要根据施工组织设计及现场条件来确定；

（7）认真核对工程内容，防止漏列或重列，根据施工经验及对定额的了解确定。

3. 预算定额的直接套用

当工程项目的设计要求、施工组织和工作内容与相关定额表的工程内容完全一致时，可以直接使用定额表中的基价、人工、材料及机械台班耗用量。

需要注意，在定额的直接套用中，还应包括定额规定不允许调整的分项工程，也就是工程项目的设计要求或内容与定额工程内容不完全相同，但是定额规定不允许调整，则仍应该直接套用定额。

【例 2-1】　某桥的草袋围堰工程，装草袋土的运距为 220m，围堰高 2.2m，确定该工程的预算定额值。

【解】

1）查预算定额目录可知该定额在第 287 页定额表 4-2-2。

2）查看该定额节说明第二条规定（预算定额第 283 页）：该定额中已包括 50m 以内人工挖运土方的工日数量，当取土运距超过 50m 时，按人工挖运土方的增运定额增加运距用工。

3）根据已知条件，套用预算定额表 40202006。

人工：38.8 工日

草袋：1139 个

土：68.41m³

基价：3150 元

4）根据已知条件，套用预算定额表 10106005，计算取土增加运距用工。

人工：$18.2 \times \dfrac{220-50}{10} \times \dfrac{68.41}{1000} = 21.2$ 工日

基价：$21.2 \times 49.20 = 1043$ 元

5）计算本题目草袋围堰工程的预算定额值（10m 围堰）。

人工：$38.8 + 21.2 = 60$ 工日

草袋：1139 个

土：68.41m^3

基价：$3150 + 1043 = 4193$ 元

4. 预算定额的复杂套用

当工程项目的设计要求、施工组织和工作内容需要若干定额综合才能对应，则要把这些定额表进行整合后套用。此时应特别注意定额说明和定额表注，以防止整合时人工、材料和机械的重复或遗漏。

【例 2-2】 人工挖运普通土（人工挑抬）运距 40m，人工挑抬上坡坡度为 7%。确定其预算定额。

【解】

1）查预算定额目录可知该定额在第 9 页定额表 1-1-6。

2）查看该定额表的工程内容和单位，根据已知条件，需要套用 2 个预算定额栏，表号分别为 10106002 和 10106004。

3）查定额表的附注，运输时遇上坡，需要增加运距。

上坡 7%，增加的运距为 $40 \times 0.07 \times 7 = 20$m

人工挑抬的运距为 $40 + 20 = 60$m

4）整合定额表 10106002 和 10106004，计算预算定额值（1000m^3）。

人工：$181.1 + 18.2 \times \dfrac{(60-20)}{10} = 253.9$ 工日

基价：$253.9 \times 49.20 = 12492$ 元

【例 2-3】 某水泥石灰土基层厚度 20cm，拖拉机带铧犁拌和。确定其预算定额。

【解】

1）查预算定额目录可知该定额在第 105 页定额表 2-1-6。

2）根据已知条件，本题目套用的预算定额表号为 20106009 和 20106010。

3）查看该定额节说明第一条规定（预算定额第 78 页），各类稳定土基层压实厚度超过 15cm 的，应进行分层拌合、碾压，相关机械和人工消耗量要调整，计算预算定额值（1000m^2）。

人工：$19.6 + 1.0 \times (20-15) + 3 = 27.6$ 工日

32.5 级水泥：$15.147 + 1.010 \times (20-15) = 20.197$t

生石灰：$10.393 + 0.693 \times (20-15) = 13.858$t

土：$195.29 + 13.02 \times (20-15) = 260.39$m^3

设备摊销费：$1.6+0.1\times(20-15)=2.1$ 元

120kW 以内自行式平地机：$0.37\times2=0.74$ 台班

75kW 以内履带式拖拉机：$0.21\times2=0.42$ 台班

6～8t 光轮压路机：$0.27\times2=0.54$ 台班

12～15t 光轮压路机：$1.27\times2=2.54$ 台班

6000L 以内洒水车：$0.85+0.04\times(20-15)=1.05$ 台班

5. 预算定额的抽换

定额是按一般正常合理的施工组织和正常的施工条件编制的，定额中所采用的施工方法和工程质量标准，主要是根据国家现行公路工程施工技术及验收规范、质量评定标准及安全操作规程取定的。因此，使用定额时不得因具体工程的施工组织、操作方法和材料消耗与定额的规定不同而变更定额。只有在以下几种情况下，才允许对定额中某些项目进行抽换，使定额的使用更符合实际情况：

(1) 就地浇筑钢筋混凝土用的支架及拱圈用的拱盔、支架，如确因施工安排达不到规定的周转次数时，可根据具体的情况换算并按规定计算回收。

(2) 路面基层材料、混凝土、砂浆的配比与定额不相符时，需进行抽换。

(3) 钢筋工程中，当设计用光圆钢筋和带肋钢筋比例与定额比例不同时，需进行抽换。

(4) 如施工中必须使用特殊机械时，可按具体情况进行换算。

【例 2-4】 某桥梁的台帽工程设计为 C25 钢筋混凝土，施工中采用木模，非泵送混凝土，32.5 级水泥，4cm 碎石，确定混凝土工程的预算定额值。

【解】

1) 查预算定额目录可知定额在第 477 页定额表 4-6-3。

2) 根据已知条件，确定套用定额表号为 40603001。

3) 分析该定额子目中混凝土强度等级与设计强度等级不同，需进行抽换。

定额表 40603001 中混凝土强度等级为 C30，而设计强度等级为 C25，需运用基本定额进行抽换。

查预算定额附录二基本定额混凝土配比表（第 1011 页）可知，1m³ C25 混凝土需要：

32.5 级水泥：335kg

中粗砂：0.48m³

碎石：0.83m³

4) 计算预算定额值（10m³）。

人工：29.8 工日

原木：0.186m³

锯材：0.307m³

铁件：27.2kg

铁钉：2.9kg

铁皮：4.8m²

32.5 级水泥：10.2×0.335＝3.417t

水：12m³

中（粗）砂：10.2×0.48＝4.9m³

碎石：10.2×0.83＝8.47m³

其他材料费：8.6 元

20t 以内汽车式起重机：0.37 台班

小型机具使用费：13.5 元

基价：4743＋(3.417－3.845)×320＋(4.9－4.67)×60＋(8.47－8.47)×41＝4620 元

【例 2-5】 石灰粉煤灰稳定碎石基层厚 16cm，设计配合比为 4∶11∶85。计算各种材料调整后的定额值。

【解】

1）查预算定额目录可知定额在第 93 页定额表 2-1-4。

2）该定额表中石灰粉煤灰碎石的配合比为 5∶15∶80，与设计配合比不一致，需进行抽换，计算调整后材料的定额值（1000m²）。

生石灰：$15.829＋1.055×(16-15)×\dfrac{4}{5}＝13.507t$

粉煤灰：$63.31＋4.22×(16-15)×\dfrac{11}{15}＝49.52m^3$

碎石：$164.89＋10.99×(16-15)×\dfrac{85}{80}＝186.87m^3$

2.3 概算定额

概算定额是指完成合格的单位扩大分项工程或单位扩大结构构件所需消耗的人工材料和机械台班的数量标准。其是预算定额的综合与扩大，即将预算定额中有联系的若干分项工程项目综合为一个概算定额项目。

2.3.1 概算定额的作用

（1）概算定额是初步设计阶段编制建设项目概算和技术设计阶段编制修正概算的依据。基本建设程序规定，采用两阶段设计时，其初步设计必须编制设计概算；采用三阶段设计时，其技术设计必须编制修正概算，对拟建项目进行总估价。

（2）概算定额是设计方案比较的依据。通过设计方案比较，选择出技术先进可靠、经济合理的方案，在满足使用功能的条件下，达到降低造价和减少资源消耗的目的。概算定额扩大综合后可为设计方案的比较提供方便条件。

（3）概算定额是编制主要材料需要量的计算基础。根据概算定额所列材料消耗指标计算工程用料数量，可在施工图设计之前提出供应计划，为材料的采购、供应做好施工准备，提供前提条件。

（4）概算定额是编制建设项目投资估算指标的基础。

2.3.2　概算定额的内容

《公路工程概算定额》JTG/T B06-01—2007 包括路基工程、路面工程、隧道工程、涵洞工程、桥梁工程、交通工程及沿线设施、临时工程，共七章。主要内容包括总说明、章节说明、定额表。概算定额没有附录，在编制概算时若需要定额的相关基础数据，套用预算定额附录。

1. 概算定额的总说明及各章、节说明

（1）总说明的内容

概算定额的适用范围及包括的内容；对各章、节都适用的统一规定；概算定额所采用的标准及抽换的统一规定；概算定额的材料名称在预算定额的基础上综合情况的说明，以及对应于预算定额材料名称的统一规定；概算定额中未包括的内容；概算定额中未包括的项目，需编制补充定额的规定。

（2）章、节说明的内容

本章、节包括的内容；本章、节工程项目的统一规定；本章、节工程项目的工程量计算规则等。

2. 概算定额表

概算定额表与预算定额表相似，主要内容包括：

（1）工程项目名称及定额单位。

（2）工程项目包括的工程内容。

（3）完成定额单位工程的人工消耗量的单位、代号、数量。

（4）完成定额单位工程的材料消耗量的名称、单位、代号、数量。其中主要材料以定额消耗量或周转使用量表示，主要材料中数量很小的材料及次要材料以其他材料费表示，吊装等金属设备的折旧费以设备摊销费表示。

（5）完成定额单位工程的机械名称、单位、代号、数量。其中主要机械以台班消耗数量表示，次要机械以小型机械使用费的形式表示。

（6）定额基价。

（7）表注。有些定额项目下还列有在章、节说明中没有包括的，仅供本定额项目使用的注释。

2.3.3　概算定额的套用

1. 概算定额的编号

编制概算文件时，在计算表格中均要列出所引用的定额表号，一般采用章—表—栏的 7 位数编号方法，即"章"占 1 位，"节"占 1 位，"表"占 2 位，"栏"占 3 位。例如 2105001，表示概算定额第 2 章第 1 节第 5 个表的第 1 栏。

2. 概算定额的套用要点和方法

概算定额的套用要点、抽换及方法与预算定额的基本一致。

【例 2-6】 某大桥灌注桩混凝土，采用已有的搅拌站集中拌和，运距300m，回旋钻机钻孔，孔径1.5m，起重机配吊斗，无拌合船施工方法，试确定其概算定额。

【解】

1）查概算定额目录可知灌注桩混凝土在第506页定额表5-1-16。

2）定额表5-1-16的工程内容显示该表工作内容未包括混凝土的拌合及运输，需要增加混凝土的拌合及运输定额表5-3-32。

3）根据已知条件，灌注混凝土套用定额表5116014，混凝土拌合套用定额表5332009，混凝土运输套用定额表5332016和5332017。

4）计算概算定额值（10m³）:

人工: 9.1 工日

C25 水下混凝土: 12.01m³

钢管: 0.084t

电焊条: 0.3kg

8～12 号铁丝: 0.1kg

32.5 级水泥: 5.132t

水: 3m³

中（粗）砂: 6.01m³

碎石（4cm）: 9.01m³

其他材料费: 4.8 元

设备摊销费: 51.6 元

12t 以内汽车式起重机: 0.40 台班

32kV·A 以内交流电弧焊机: 0.09 台班

小型机具使用费: 2.3 元

75kW 以内履带式推土机: $1.16 \times \dfrac{12.01}{100} = 0.14$ 台班

15m³/h 以内混凝土搅拌站: $1.36 \times \dfrac{12.01}{100} = 0.17$ 台班

1t 以内机动翻斗车: $\left[3.03 + 1.12 \times \dfrac{(300-100)}{100}\right] \times \dfrac{12.01}{100} = 0.64$ 台班

2.4 补充定额

公路工程定额是对工程实践经验的科学总结，定额中所列的消耗量是通过对大量工程实践数据统计分析，经科学计算确定的。因此，定额的编制一般滞后于工程建设的发展。

公路工程建设过程中，新结构、新工艺、新材料、新设备等层出不穷，在其对应的新定额未颁布以前，为了合理确定工程造价和有效控制工程造价，综合体现新结构、新工艺、新材料、新设备的经济效益，对定额缺项的内容需要编制补充定额，以便合理确定工程造价。

2.4.1 补充定额的编制依据

除了一般的编制依据外，编制补充定额的依据还有：

（1）现行定额

现行的预算定额及其附录、施工定额等是编制补充定额的主要依据。补充定额若能够采用或部分采用现行定额编制的，原则上采用现行定额。利用现行定额编制补充定额既方便计算，又能够保证补充定额的定额水平。

（2）设计图纸

对于新结构、新工艺、新材料等预算定额缺项的内容，根据设计图纸的要求合理确定材料消耗量。

（3）施工工艺和质量标准

根据施工工艺要求和质量标准，确定补充预算定额人工和机械消耗量。

（4）施工经验和现场实测资料

对于已经在项目中应用过的新结构、新工艺、新材料、新机械，应及时收集整理相关资料，作为编制补充定额的依据。对于没有施工经验的项目，则需要按照定额测定方法进行现场实测。

2.4.2 补充定额的编制步骤

（1）仔细分析和阅读设计图纸资料

对于新结构、新工艺、新材料、新设备等设计项目，在编制补充定额前，应详细分析设计图纸和资料，明确施工工艺要求和质量标准。

（2）划分施工工序

确定了补充定额的项目后，应对项目进行工序划分。工序的划分粗细程度应由项目的特点确定，划分的目的在于明确补充定额所包括的工程内容。

（3）确定补充定额的计量单位

补充定额的计量单位一般参照预算定额的计量单位确定，所选择的计量单位要根据工程量计算规则规定并确切反映定额项目所包含的工作内容。

（4）按设计图纸和资料计算工程数量

计算工程量的目的，是为了通过计算设计图纸所包括的施工过程的工程量，在编制补充定额时，能够利用施工定额或预算定额的劳动力、机械和材料消耗指标确定补充定额。

（5）进行子目平衡

按照综合误差率对定额单位的工程量与所综合成分中的主要成分的工程量进行综合平衡，超过最大误差率的就应划分子目。

（6）计算补充定额人工、材料和机械台班消耗量

补充定额中工料机消耗量的计算同现行工程定额的计算方法和要求一致。

（7）计算补充定额基价

计算补充定额基价时，若是现行预算定额中已有的工料机应采用现行定额基价计算；若是新增加的材料和机械，则按材料预算单价和机械台班预算

单价计算。

2.5 小结

本章介绍了定额的概念、分类、特点，阐述了概算定额和预算定额的作用和套用方法，并用实例描述了定额套用过程。最后，介绍了编制补充定额的基础知识。

习题

2-1 定额的特点和作用是什么？

2-2 按生产要素分类的定额类别有哪些？

2-3 按用途分类的定额类别有哪些？

2-4 在哪些情形下可以对定额进行抽换？

2-5 补充定额的编制流程是什么？

2-6 概算定额和预算定额的区别是什么？

2-7 采用 10t 载重汽车运输料石，运距为 3.5km，人工装卸，确定其预算定额值。

2-8 浆砌片石拱圈工程，设计采用 C10 水泥砂浆砌筑，在编制预算时是否需要抽换，如何抽换？

2-9 水泥混凝土路面厚度为 25cm，采用滑模摊铺机铺筑，确定其概算定额值。

2-10 某桥梁工程以手推车运预制构件，每个构件的重量均小于 0.3t，构件需出坑堆放，运输重载升 4% 的坡，运距 84m，确定预算定额值。

第3章
概预算费用组成与计算

本章知识点

【知 识 点】概预算费用的组成、概预算费用的计算方法。
【基本要求】熟悉概预算费用的组成,掌握概预算费用的计算方法。
【重   点】概预算费用的组成、概预算费用的计算程序与计算方法。

3.1 概预算费用组成

《公路工程基本建设项目概算预算编制办法》JTG B06—2007,以及《关于公布公路工程基本建设项目概预算编制办法局部修订的公告》(交通运输部公告2011年第83号)中规定公路工程概算、预算的费用由建筑安装工程费,设备、工具、器具及家具购置费,工程建设其他费用,预备费共四部分组成,如图3-1所示。其中,建筑安装工程费的组成如图3-2所示,设备、工具、器具及家具购置费如图3-3所示,工程建设其他费用如图3-4所示,预备费如图3-5所示。

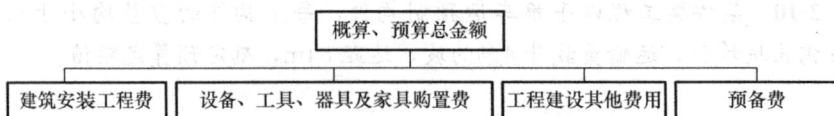

图 3-1 公路工程概算、预算费用组成

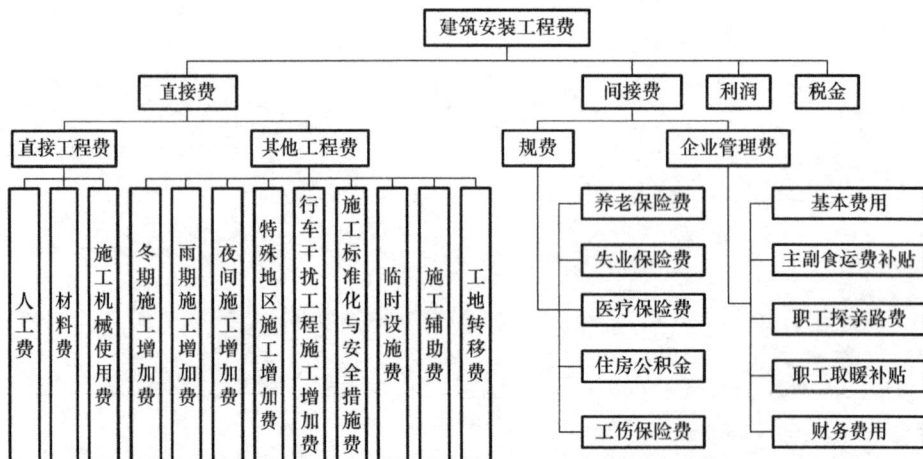

图 3-2 建筑安装工程费的组成

```
┌─────────────────────────────┐
│    设备、工具、器具及家具购置费    │
└─────────────────────────────┘
          │
    ┌─────┴─────┐
    │           │
┌───────────────┐  ┌──────────────────┐
│ 设备、工具、器具购置费 │  │ 办公及生活用家具购置费 │
└───────────────┘  └──────────────────┘
```

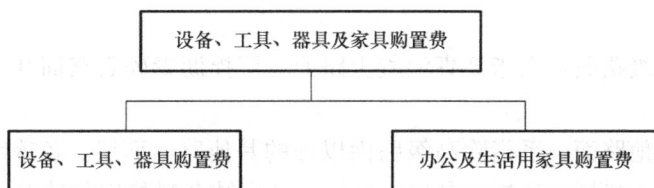

图 3-3　设备、工具、器具及家具购置费的组成

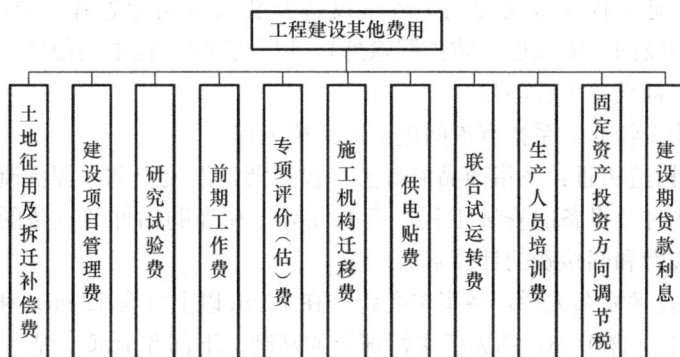

```
                    ┌──────────────┐
                    │  工程建设其他费用  │
                    └──────────────┘
```

| 土地征用及拆迁补偿费 | 建设项目管理费 | 研究试验费 | 前期工作费 | 专项评价（估）费 | 施工机构迁移费 | 供电贴费 | 联合试运转费 | 生产人员培训费 | 固定资产投资方向调节税 | 建设期贷款利息 |

图 3-4　工程建设其他费用的组成

```
                ┌────────┐
                │  预备费   │
                └────────┘
          ┌────────┴────────┐
    ┌──────────┐      ┌──────────┐
    │  价差预备费  │      │  基本预备费  │
    └──────────┘      └──────────┘
```

图 3-5　预备费的组成

3.2　建筑安装工程费

建筑安装工程费包括直接费、间接费、利润及税金。其中，其他工程费和间接费取费标准的工程类别划分如下：

（1）人工土方：系指人工施工的路基、改河等土方工程，以及人工施工的砍树、挖根、除草、平整场地、挖盖山土等工程项目，并适用于无路面的便道工程。

（2）机械土方：系指机械施工的路基、改河等土方工程，以及机械施工的砍树、挖根、除草等工程项目。

（3）汽车运输：系指汽车、拖拉机、机动翻斗车等运送的路基、改河土（石）方、路面基层和层面混合料、水泥混凝土及预制构件、绿化苗木等。

（4）人工石方：系指人工施工的路基、改河等石方工程，以及人工施工的挖盖山石项目。

（5）机械石方：系指机械施工的路基、改河等石方工程（机械打眼即属机械施工）。

（6）高级路面：系指沥青混凝土路面、厂拌沥青碎石路面和水泥混凝土路面的面层。

（7）其他路面：系指除高级路面以外的其他路面面层，各等级路面的基层、底基层、垫层、透层、黏层、封层，采用结合料稳定的路基和软土等特殊路基处理等工程，以及有路面的便道工程。

（8）构造物Ⅰ：系指无夜间施工的桥梁、涵洞、防护（包括绿化）及其他工程，交通工程及沿线设施工程（设备安装及金属标志牌、防撞钢护栏、防眩板、防眩网、隔离栅、防护网除外），以及临时工程中的便桥、电力电信线路、轨道铺设等工程项目。

（9）构造物Ⅱ：系指有夜间施工的桥梁工程。

（10）构造物Ⅲ：系指商品混凝土（包括沥青混凝土和水泥混凝土）的浇筑和外购构件及设备的安装工程。商品混凝土和外购构件及设备的费用不作为其他工程费和间接费的计算基数。

（11）技术复杂大桥：系指单孔跨径在 120m 以上（含 120m）和基础水深在 10m 以上（含 10m）的大桥主桥部分的基础、下部和上部工程。

（12）隧道：系指隧道工程的洞门及洞内土建工程。

（13）钢材及钢结构：系指钢桥及钢吊桥的上部构造，钢沉井、钢围堰、钢套箱及钢护筒等基础工程，钢索塔、钢锚箱，钢筋及预应力钢材，模数式及橡胶板式伸缩缝，钢盆式橡胶支座，四氟板式橡胶支座，金属标志牌、防撞钢护栏、防眩板、防眩网、隔离栅、防护网等工程项目。

3.2.1　直接费

直接费由直接工程费和其他工程费组成。

1. 直接工程费

直接工程费是指施工过程中耗费的构成工程实体和有助于工程形成的各项费用，包括人工费、材料费、施工机械使用费。

（1）人工费

人工费系指列入概、预算定额的直接从事建筑安装工程施工的生产工人开支的各项费用，内容包括：

1）基本工资。系指发放给生产工人的基本工资、流动施工津贴和生产工人劳动保护费，以及为职工缴纳的养老、失业、医疗保险费和住房公积金等。

生产工人劳动保护费系指按国家有关部门规定标准发放的劳动保护用品的购置费及修理费、徒工服装补贴、防暑降温费、在有碍身体健康环境中施工的保健费用等。

2）工资性补贴。系指按规定标准发放的物价补贴，煤、燃气补贴，交通费补贴，地区津贴等。

3）生产工人辅助工资。系指生产工人年有效施工天数以外非作业天数的工资，包括开会和执行必要的社会义务时间的工资，职工学习、培训期间的工资，调动工作、探亲、休假期间的工资，因气候影响停工期间的工资，女工哺乳期间的工资，病假在六个月以内的工资及产、婚、丧假期的工资。

4）职工福利费。系指按国家规定标准计提的职工福利费。

人工费的基本计算公式为：

$$人工费 = \sum（人工工日消耗量 \times 工程数量 \times 人工工日单价） \quad (3-1)$$

其中，人工工日消耗量通过查相应定额得到；工程数量是实际工程量与定额单位工程量比值；人工工日单价由各省、自治区、直辖市交通运输厅（局、委）发布。

（2）材料费

材料费系指施工过程中耗用的构成工程实体的原材料、辅助材料、构（配）件、零件、半成品、成品的用量和周转材料的摊销量，按工程所在地的材料预算价格计算的费用。

材料费的基本计算公式为：

$$
\begin{aligned}
材料费 = \sum（&\sum（材料消耗量 \times 材料预算价格）\\
&+ 其他材料费 + 设备摊销费） \times 工程数量
\end{aligned} \quad (3-2)
$$

其中，材料消耗量、其他材料费、设备摊销费通过查定额得到；工程数量是实际工程量与定额单位工程量比值；材料预算价格由材料原价、运杂费、场外运输损耗、采购及仓库保管费组成，其中材料原价、运杂费按不含增值税（可抵扣进项税额）的价格确定。材料预算价格必须通过式（3-3）计算。

$$
\begin{aligned}
材料预算价格 = &（材料原价 + 运杂费） \times （1 + 场外运输损耗率）\\
&\times （1 + 采购及保管费率） - 包装品回收价值
\end{aligned} \quad (3-3)
$$

1）材料原价

各种材料原价按以下规定计算。

外购材料：国家或地方的工业产品，按工业产品出厂价格或供销部门的供应价格计算，并根据情况加计供销部门手续费和包装费。如供应情况、交货条件不明确时，可采用当地规定的价格计算。

地方性材料：地方性材料包括外购的砂、石材料等，按实际调查价格或当地主管部门规定的预算价格计算。

自采材料：自采的砂、石、黏土等材料，按定额中开采单价加辅助生产间接费和矿产资源税（如有）计算。

材料原价应按实计取。各省、自治区、直辖市公路（交通）工程造价（定额）管理站应通过调查，编制本地区的材料价格信息，供编制概预算使用。

2）运杂费

运杂费系指材料自供应地点至工地仓库（施工地点存放材料的地方）的运杂费用，包括装卸费、运费，如果发生，还应计囤存费及其他杂费（如过磅、标签、支撑加固、路桥通行等费用）。

通过铁路、水路和公路运输部门运输的材料，按铁路、航运和当地交通部门规定的运价计算运费。

施工单位自办的运输，单程运距15km以上的长途汽车运输按当地交通部门规定的统一运价计算运费；单程运距5～15km的汽车运输按当地交通部门规定的统一运价计算运费，当工程所在地交通不便、社会运输力量缺乏时，如边远地区和某些山岭区，允许按当地交通部门规定的统一运价加50%计算运费；单程运距5km及以内的汽车运输以及人力场外运输，按预算定额计算运费，其中人力装卸和运输另按人工费加计辅助生产间接费。

一种材料如有两个以上的供应点时，都应根据不同的运距、运量、运价采用加权平均的方法计算运费。

由于预算定额中汽车运输台班已考虑工地便道特点，以及定额中已计入了"工地小搬运"项目，因此平均运距中汽车运输便道里程不得乘调整系数，也不得在工地仓库或堆料场之外再加场内运距或二次倒运的运距。

有容器或包装的材料及长大轻浮材料，应按表3-1规定的毛重计算。桶装沥青、汽油、柴油按每吨摊销一个旧汽油桶计算包装费（不计回收）。

3）场外运输损耗

场外运输损耗系指有些材料在正常的运输过程中发生的损耗，这部分损耗应摊入材料单价内。材料场外运输操作损耗率应按表3-2计列。

材料毛重系数及单位毛重表　　　　表3-1

材料名称	单位	毛重系数	单位毛重
爆破材料	t	1.35	—
水泥、块状沥青	t	1.01	—
铁钉、铁件、焊条	t	1.10	—
液体沥青、液体燃料、水	t	桶装 1.17，油罐车装 1.00	—
木料	m³	—	1.000t
草袋	个	—	0.004t

材料场外运输操作损耗率表（%）　　　　表3-2

材料名称		场外运输（包括一次装卸）	每增加一次装卸
块状沥青		0.5	0.2
石屑、碎砾石、砂砾、煤渣、工业废渣、煤		1.0	0.4
砖、瓦、桶装沥青、石灰、黏土		3.0	1.0
草皮		7.0	3.0
水泥	袋装	1.0	0.4
	散装	1.0	0.4
砂	一般地区	2.5	1.0
	多风地区	5.0	2.0

4）采购及保管费

材料采购及保管费系指材料供应部门（包括工地仓库以及各级材料管理部门）在组织采购、供应和保管材料过程中，所需的各项费用及工地仓库的材料储存损耗。

材料采购及保管费，以材料的原价加运杂费及场外运输损耗的合计数为基数，乘以采购保管费率计算。材料的采购及保管费费率为 2.67%。

外购的构件、成品及半成品的预算价格，其计算方法与材料相同，但构件（如外购的钢桁梁、钢筋混凝土构件及加工钢材等半成品）的采购保管费率为 1.07%。

商品混凝土预算价格的计算方法与材料相同，但其采购保管费率为 0。

【例 3-1】 汽车运输水泥，采购价为 380 元/吨，运距 50km，运价 0.55/（吨公里），装卸费 2.5 元/吨，计算水泥预算单价。

【解】

1) 计算运杂费：运杂费＝50×0.55＋2.5＝30 元。

2) 查表可知水泥的毛重系数为 1.01，场外运输操作损耗率为 1.0%，采购及保管费费率为 2.67%。

3) 套用材料预算价格计算公式：

水泥预算价格＝(380＋30)×1.01×(1＋1.0%)×(1＋2.67%)＝429.4 元/吨

（3）施工机械使用费

施工机械使用费系指列入概预算定额的施工机械台班数量，按相应的机械台班费用定额计算的施工机械使用费和小型机具使用费。

施工机械使用费的基本计算公式为：

$$施工机械使用费 = \sum \left(\sum (机械台班消耗量 \times 机械台班预算价格) + 小型机具使用费 \right) \times 工程数量 \qquad (3-4)$$

其中，机械台班消耗量、小型机具使用费通过查相应定额得到；工程数量是实际工程量与定额单位工程量比值；施工机械台班预算价格按照《公路工程机械台班费用定额》JTG/T B06-03 计算，并按"营改增"后机械台班费用定额调整系数进行调整。

施工机械台班单价由不变费用和可变费用组成。不变费用包括折旧费、大修理费、经常修理费、安装拆卸及辅助设施费等，其中折旧费的调整系数为 0.855，大修理费的调整系数为 0.884，经常修理费的调整系数为 0.898，安装拆卸及辅助设施费不作调整；可变费用包括机上人员人工费、动力燃料费、养路费及车船使用税。可变费用中的人工工日数及动力燃料消耗量，应以机械台班费用定额中的数值为准。台班人工费工日单价同生产工人人工费单价。动力燃料费以不含进项税额的动力燃料预算价格进行计算。

2. 其他工程费

其他工程费系指直接工程费以外施工过程中发生的直接用于工程的费用。内容包括冬期施工增加费、雨期施工增加费、夜间施工增加费、特殊地区施工增加费、行车干扰工程施工增加费、施工标准化与安全措施费、临时设施费、施工辅助费、工地转移费九项。公路工程中的水、电费及因场地狭小等特殊情况而发生的材料二次搬运等其他工程费已包括在概预算定额中，不再另计。

其他工程费的基本计算公式为：

$$其他工程费 = \sum (费用计算基数 \times 费用费率) \qquad (3-5)$$

其中，费用计算基数指其他工程费包括的各项子费用的计算基数，费用费率指各项子费用的费率。

（1）冬期施工增加费

冬期施工增加费系指按照公路工程施工及验收规范所规定的冬期施工要求，为保证工程质量和安全生产所需采取的防寒保温设施、工效降低和机械作业率降低以及技术操作过程的改变等所增加的有关费用。

冬期施工增加费的内容包括：

1）因冬期施工所需增加的一切人工、机械与材料的支出。

2）施工机具所需修建的暖棚（包括拆、移），增加油酯及其他保温设备费用。

3）因施工组织设计确定，需增加的一切保温、加温及照明等有关支出。

4）与冬期施工有关的其他各项费用，如清除工作地点的冰雪等费用。

冬期施工增加费的计算方法，是根据各类工程的特点，规定各气温区的取费标准。为了简化计算手续，采用全年平均摊销的方法，即不论是否在冬期施工，均按规定的取费标准计取冬期施工增加费。一条路线穿过两个以上的气温区时，可分段计算或按各区的工程量比例求得全线的平均增加率，计算冬期施工增加费。

冬期施工增加费的计算基数是各类工程的直接工程费之和，冬期施工增加费费率根据工程所在地的气温区和工程类别按表 3-3 选列。

冬期施工增加费费率表（%）　　　　　　表 3-3

工程类别	冬季期平均温度（℃）								准一区	准二区
	—1 以上		—1～—4		—4～—7	—7～—10	—10～—14	—14～以下		
	冬一区		冬二区							
					冬三区	冬四区	冬五区	冬六区		
	Ⅰ	Ⅱ	Ⅰ	Ⅱ						
人工土方	0.28	0.44	0.59	0.76	1.44	2.05	3.07	4.61	—	—
机械土方	0.43	0.67	0.93	1.17	2.21	3.14	4.71	7.07	—	—
汽车运输	0.08	0.12	0.17	0.21	0.40	0.56	0.84	1.27	—	—
人工石方	0.06	0.10	0.13	0.15	0.30	0.44	0.65	0.98	—	—
机械石方	0.08	0.13	0.18	0.21	0.42	0.61	0.91	1.37	—	—
高级路面	0.37	0.52	0.72	0.18	1.48	2.00	3.00	4.50	0.06	0.16
其他路面	0.11	0.20	0.29	0.37	0.62	0.80	1.20	1.80	—	—
构造物Ⅰ	0.34	0.49	0.66	0.75	1.36	1.84	2.76	4.14	0.06	0.15
构造物Ⅱ	0.42	0.60	0.81	0.92	1.67	2.27	3.40	5.10	0.08	0.19
构造物Ⅲ	0.83	1.18	1.60	1.81	3.29	4.46	6.69	10.03	0.15	0.37
技术复杂大桥	0.48	0.68	0.93	1.05	1.91	2.58	3.87	5.81	0.08	0.21
隧道	0.10	0.19	0.27	0.35	0.58	0.75	1.12	1.69	—	—
钢材及钢结构	0.02	0.05	0.07	0.09	0.15	0.19	0.29	0.43	—	—

（2）雨期施工增加费

雨期施工增加费系指雨期期间施工为保证工程质量和安全生产所需采取的防雨、排水、防潮和防护措施，工效降低和机械作业率降低以及技术作业过程的改变等，所需增加的有关费用。

雨期施工增加费的内容包括：

1）因雨期施工所需增加的工、料、机费用的支出，包括工作效率的降低及易被雨水冲毁的工程所增加的工作内容等（如基坑坍塌和排水沟等堵塞的清理、路基边坡冲沟的填补等）。

2）路基土方工程的开挖和运输，因雨期施工（非土壤中水影响）而引起的黏附工具，降低工效所增加的费用。

3）因防止雨水必须采取的防护措施的费用，如挖临时排水沟，防止基坑坍塌所需的支撑、挡板等费用。

4）材料因受潮、受湿的耗损费用。

5）增加防雨、防潮设备的费用。

6）其他有关雨期施工所需增加的费用，如因河水高涨致使工作困难而增加的费用等。

雨期施工增加费的计算方法，是将全国划分为若干雨量区和雨季期，并根据各类工程的特点规定各雨量区和雨季期的取费标准，采用全年平均摊销的方法，即不论是否在雨期施工，均按规定的取费标准计取雨期施工增加费。

一条路线通过不同的雨量区和雨季期时，应分别计算雨期施工增加费或按工程量比例求得平均的增加率，计算全线雨期施工增加费。

雨期施工增加费以各类工程的直接工程费之和为基数，雨期施工增加费费率根据工程所在地的雨量区、雨季期和工程类别按表3-4选列。

室内管道及设备安装工程不计雨期施工增加费。

（3）夜间施工增加费

夜间施工增加费系指根据设计、施工的技术要求和合理的施工进度要求，必须在夜间连续施工而发生的工效降低、夜班津贴以及有关照明设施（包括所需照明设施的安拆、摊销、维修及油燃料、电）等增加的费用。

夜间施工增加费按夜间施工工程项目（如桥梁工程项目包括上、下部构造全部工程）的直接工程费之和为基数，夜间施工增加费费率根据工程类别按表3-5选列。

（4）特殊地区施工增加费

特殊地区施工增加费包括高原地区施工增加费、风沙地区施工增加费和沿海地区施工增加费三项。

1）高原地区施工增加费

高原地区施工增加费系指在海拔高度1500m以上地区施工，由于受气候、气压的影响，致使人工、机械效率降低而增加的费用。该费用以各类工程人工费和机械使用费之和为基数，根据工程所在地的海拔高度和工程类别选用表3-6的费率计算。

表 3-4

雨期施工增加费费率表 （%）

工程类别 \ 雨季期（月数）	1 (I)	1.5 (I)	2 (I)	2 (II)	2.5 (I)	2.5 (II)	3 (I)	3 (II)	3.5 (I)	3.5 (II)	4 (I)	4 (II)	4.5 (I)	4.5 (II)	5 (I)	5 (II)	6 (I)	6 (II)	7 (II)	8 (II)
人工土方	0.04	0.05	0.07	0.11	0.09	0.13	0.11	0.15	0.13	0.17	0.15	0.20	0.17	0.23	0.19	0.26	0.21	0.31	0.36	0.42
机械土方	0.04	0.05	0.07	0.11	0.09	0.13	0.11	0.15	0.13	0.17	0.15	0.20	0.17	0.23	0.19	0.27	0.22	0.32	0.37	0.43
汽车运输	0.04	0.05	0.07	0.11	0.09	0.13	0.11	0.16	0.13	0.19	0.15	0.22	0.17	0.25	0.19	0.27	0.22	0.32	0.37	0.43
人工石方	0.02	0.03	0.05	0.07	0.06	0.09	0.07	0.11	0.08	0.13	0.09	0.15	0.10	0.17	0.11	0.19	0.15	0.23	0.27	0.32
机械石方	0.03	0.04	0.06	0.10	0.08	0.12	0.10	0.14	0.12	0.16	0.14	0.19	0.16	0.22	0.18	0.25	0.20	0.29	0.34	0.39
高级路面	0.03	0.04	0.06	0.10	0.08	0.13	0.10	0.15	0.12	0.17	0.14	0.19	0.16	0.22	0.18	0.25	0.20	0.29	0.34	0.39
其他路面	0.03	0.04	0.06	0.09	0.08	0.12	0.09	0.14	0.10	0.16	0.12	0.18	0.14	0.21	0.16	0.24	0.19	0.28	0.32	0.37
构造物 I	0.03	0.04	0.05	0.08	0.06	0.09	0.07	0.11	0.08	0.13	0.10	0.15	0.12	0.17	0.14	0.19	0.16	0.23	0.27	0.31
构造物 II	0.03	0.04	0.05	0.08	0.07	0.10	0.08	0.12	0.09	0.14	0.11	0.16	0.13	0.18	0.15	0.21	0.17	0.25	0.30	0.34
构造物 III	0.06	0.08	0.11	0.17	0.14	0.21	0.17	0.25	0.20	0.30	0.23	0.35	0.27	0.40	0.31	0.45	0.35	0.52	0.60	0.69
技术复杂大桥	0.03	0.05	0.07	0.10	0.08	0.12	0.10	0.14	0.12	0.16	0.14	0.19	0.16	0.22	0.18	0.25	0.20	0.29	0.34	0.39
隧道	—	—	—	—	—	—	—	—	—	—	—	—	—	—	—	—	—	—	—	—
钢材及钢结构	—	—	—	—	—	—	—	—	—	—	—	—	—	—	—	—	—	—	—	—

夜间施工增加费费率表（%）　　　　　　表3-5

工程类别	费率	工程类别	费率
构造物Ⅱ	0.35	技术复杂大桥	0.35
构造物Ⅲ	0.70	钢材及钢结构	0.35

高原地区施工增加费费率表（%）　　　　　　表3-6

工程类别	海拔高度（m）							
	1501~2000	2001~2500	2501~3000	3001~3500	3501~4000	4001~4500	4501~5000	5000以上
人工土方	7.00	13.25	19.75	29.75	43.25	60.00	80.00	110.00
机械土方	6.65	12.60	18.66	25.60	36.05	49.08	64.72	83.80
汽车运输	6.50	12.50	18.50	25.00	35.00	47.50	62.50	80.00
人工石方	7.00	13.25	19.75	29.75	43.25	60.00	80.00	110.00
机械石方	6.71	12.82	19.03	27.10	38.50	52.80	69.92	92.72
高级路面	6.58	12.61	18.69	25.72	36.26	49.41	65.17	84.58
其他路面	6.73	12.84	19.07	27.15	38.74	53.17	70.44	93.60
构造物Ⅰ	6.87	13.06	19.44	28.56	41.18	56.86	75.61	102.47
构造物Ⅱ	6.77	12.90	19.17	27.54	39.41	54.18	71.85	96.03
构造物Ⅲ	6.73	12.85	19.08	27.19	38.81	53.27	70.57	93.84
技术复杂大桥	6.70	12.81	19.01	26.94	38.37	52.61	69.65	92.27
隧道	6.76	12.90	19.16	27.50	39.35	54.09	71.72	95.81
钢材及钢结构	6.78	12.92	19.20	27.66	39.62	54.50	72.30	96.80

一条路线通过两个以上（含两个）不同的海拔高度分区时，应分别计算高原地区施工增加费或按工程量比例求得平均的增加率，计算全线高原地区施工增加费。

2）风沙地区施工增加费

风沙地区施工增加费系指在沙漠地区施工时，由于受风沙影响，按照施工及验收规范的要求，为保证工程质量和安全生产而增加的有关费用。内容包括防风、防沙及气候影响的措施费，材料费，人工、机械效率降低增加的费用，以及积沙、风蚀的清理修复等费用。

一条路线穿过两个以上（含两个）不同风沙区时，按路线长度经过不同的风沙区加权计算项目全线风沙地区施工增加费。

风沙地区施工增加费以各类工程的人工费和机械使用费之和为基数，根据工程所在地的风沙区划及工程类别选用表3-7的费率计算。

3）沿海地区工程施工增加费

沿海地区工程施工增加费系指工程项目在沿海地区施工受海风、海浪和潮汐的影响，致使人工、机械效率降低等所需增加的费用。

沿海地区工程施工增加费以各类工程的直接工程费之和为基数，根据工程类别选用表 3-8 的费率计算。

风沙地区施工增加费费率表（%）   表 3-7

风沙区划 工程类别	风沙一区			风沙二区			风沙三区		
	沙漠类型								
	固定	半固定	流动	固定	半固定	流动	固定	半固定	流动
人工土方	6.00	11.00	18.00	7.00	17.00	26.00	11.00	24.00	37.00
机械土方	4.00	7.00	12.00	5.00	11.00	17.00	7.00	15.00	24.00
汽车运输	4.00	8.00	13.00	5.00	12.00	18.00	8.00	17.00	26.00
人工石方	—	—	—	—	—	—	—	—	—
机械石方	—	—	—	—	—	—	—	—	—
高级路面	0.50	1.00	2.00	1.00	2.00	3.00	2.00	3.00	5.00
其他路面	2.00	4.00	7.00	3.00	7.00	10.00	4.00	10.00	15.00
构造物 I	4.00	7.00	12.00	5.00	11.00	17.00	7.00	16.00	24.00
构造物 II	—	—	—	—	—	—	—	—	—
构造物 III	—	—	—	—	—	—	—	—	—
技术复杂大桥	—	—	—	—	—	—	—	—	—
隧道	—	—	—	—	—	—	—	—	—
钢材及钢结构	1.00	2.00	4.00	1.00	3.00	5.00	2.00	5.00	7.00

沿海地区工程施工增加费费率表（%）   表 3-8

工程类别	费率	工程类别	费率
构造物 II	0.15	技术复杂大桥	0.15
构造物 III	0.15	钢材及钢结构	0.15

（5）行车干扰工程施工增加费

行车干扰工程施工增加费系指由于边施工边维持通车，受行车干扰的影响，致使人工、机械效率降低而增加的费用。该费用以受行车影响部分的工程项目的人工费和机械使用费之和为基数，根据每昼夜行车次数和工程类别选用表 3-9 的费率计算。

行车干扰工程施工增加费费率表（%）   表 3-9

工程类别	施工期间平均每昼间双向行车次数（汽车、畜力车合计）							
	51~100	101~500	501~1000	1001~2000	2001~3000	3001~4000	4001~5000	5000以上
人工土方	1.64	2.46	3.28	4.10	4.76	5.29	5.86	6.44
机械土方	1.39	2.19	3.00	3.89	4.51	5.02	5.56	6.11
汽车运输	1.36	2.09	2.85	3.75	4.35	4.84	5.36	5.89
人工石方	1.66	2.40	3.33	4.06	4.71	5.24	5.81	6.37
机械石方	1.16	1.71	2.38	3.19	3.70	4.12	4.56	5.01
高级路面	1.24	1.87	2.50	3.11	3.61	4.01	4.45	4.88
其他路面	1.17	1.77	2.36	2.94	3.41	3.79	4.20	4.62
构造物 I	0.94	1.41	1.89	2.36	2.74	3.04	3.37	3.71

工程类别	施工期间平均每昼夜间双向行车次数（汽车、畜力车合计）							
	51～100	101～500	501～1000	1001～2000	2001～3000	3001～4000	4001～5000	5000以上
构造物Ⅱ	0.95	1.43	1.90	2.37	2.75	3.06	3.39	3.72
构造物Ⅲ	0.95	1.42	1.90	2.37	2.75	3.05	3.38	3.72
技术复杂大桥	—	—	—	—	—	—	—	—
隧道	—	—	—	—	—	—	—	—
钢材及钢结构	—	—	—	—	—	—	—	—

（6）施工标准化与安全措施费

施工标准化与安全措施费系指工程施工期间为满足安全生产、施工标准化、规范化、精细化所发生的费用。该费用不包括施工期间为保证交通安全而设置的临时安全设施和标志、标牌的费用，需要时，应根据设计要求计算。该费用也不包括预制场、拌合站、临时便道、临时便桥的施工标准化费用，应根据施工组织标准化要求单独计算。

施工标准化与安全措施费以各类工程的直接工程费之和为基数，根据工程类别选用表3-10的费率计算。

施工标准化与安全措施费费率表（％）　　　　表3-10

工程类别	费率	工程类别	费率
人工土方	0.70	构筑物Ⅰ	0.85
机械土方	0.70	构筑物Ⅱ	0.92
汽车运输	0.25	构筑物Ⅲ	1.85
人工石方	0.70	技术复杂大桥	1.01
机械石方	0.70	隧道	0.86
高级路面	1.18	钢材及钢结构	0.63
其他路面	1.20		

（7）临时设施费

临时设施费系指施工企业为进行建筑安装工程施工所必需的生活和生产用的临时建筑物、构筑物和其他临时设施及其标准化的费用等，但不包括概预算定额中临时工程在内。

临时设施包括：临时生活及居住房屋（包括职工家属房屋及探亲房屋）、文化福利及公用房屋（如广播室、文体活动室等）和生产、办公房屋（如仓库、加工厂、加工棚、发电站、变电站、空压机站、停机棚等），工地范围内的各种临时的工作便道（包括汽车、畜力车、人力车道）、人行便道，工地临时用水、用电的水管支线和电线支线，临时构筑物（如水井、水塔等）以及其他小型临时设施。

临时设施费用内容包括：临时设施的搭设、维修、拆除费或摊销费。

临时设施费以各类工程的直接工程费之和为基数，根据工程类别选用表3-11的费率计算。

33

临时设施费费率表（%）　　　　表 3-11

工程类别	费率	工程类别	费率
人工土方	1.73	构造物Ⅰ	2.92
机械土方	1.56	构造物Ⅱ	3.45
汽车运输	1.01	构造物Ⅲ	6.39
人工石方	1.76	技术复杂大桥	3.21
机械石方	2.17	隧道	2.83
高级路面	2.11	钢材及钢结构	2.73
其他路面	2.06		

（8）施工辅助费

施工辅助费包括生产工具用具使用费、检验试验费和工程定位复测、工程点交、场地清理等费用。

生产工具用具使用费系指施工所需不属于固定资产的生产工具、检验用具、试验用具及仪器、仪表等的购置、摊销和维修费，以及支付给生产工人自备工具的补贴费。

检验试验费系指施工企业对建筑材料、构件和建筑安装工程进行一般鉴定、检查所发生的费用，包括自设试验室进行试验所耗用的材料和化学药品的费用，以及技术革新和研究试验费，但不包括新结构、新材料的试验费和建设单位要求对具有出厂合格证明的材料进行检验、对构件进行破坏性试验及其他特殊要求检验的费用。

施工辅助费以各类工程的直接工程费之和为基数，根据工程类别选用表 3-12 的费率计算。

施工辅助费费率表（%）　　　　表 3-12

工程类别	费率	工程类别	费率
人工土方	0.89	构造物Ⅰ	1.30
机械土方	0.49	构造物Ⅱ	1.56
汽车运输	0.16	构造物Ⅲ	3.03
人工石方	0.85	技术复杂大桥	1.68
机械石方	0.46	隧道	1.23
高级路面	0.80	钢材及钢结构	0.56
其他路面	0.74		

（9）工地转移费

工地转移费系指施工企业根据建设任务的需要，由已竣工的工地或后方基地迁至新工地的搬迁费用。其内容包括：

1）施工单位全体职工及随职工迁移的家属向新工地转移的车费、家具行李运费、途中住宿费、行程补助费、杂费及工资与工资附加费等。

2）公物、工具、施工设备器材、施工机械的运杂费，以及外租机械的往返费及本工程内部各工地之间施工机械、设备、公物、工具的转移费等。

3）非固定工人进退场及一条路线中各工地转移的费用。

工地转移费以各类工程的直接工程费之和为基数，根据转移距离和工程类别选用表 3-13 的费率计算。

工地转移费费率表（%） 表 3-13

工程类别	工地转移距离（km）					
	50	100	300	500	1000	每增加 100
人工土方	0.15	0.21	0.32	0.43	0.56	0.03
机械土方	0.50	0.67	1.05	1.37	1.82	0.08
汽车运输	0.31	0.40	0.62	0.82	1.07	0.05
人工石方	0.16	0.22	0.33	0.45	0.58	0.03
机械石方	0.36	0.43	0.74	0.97	1.28	0.06
高级路面	0.61	0.83	1.30	1.70	2.27	0.12
其他路面	0.56	0.75	1.18	1.54	2.06	0.10
构造物Ⅰ	0.56	0.75	1.18	1.54	2.06	0.11
构造物Ⅱ	0.66	0.89	1.40	1.83	2.45	0.13
构造物Ⅲ	1.31	1.77	2.77	3.62	4.48	0.25
技术复杂大桥	0.75	1.01	1.58	2.06	2.76	0.14
隧道	0.52	0.71	1.11	1.45	1.94	0.10
钢材及钢结构	0.72	0.97	1.51	1.97	2.64	0.13

转移距离以工程承包单位（如工程处、工程公司等）转移前后驻地距离或两路线中点的距离为准；编制概预算时，如施工单位不明确时，高速、一级公路及独立大桥、隧道按省会（自治区首府）至工地的里程，二级及以下公路按地区（市、盟）至工地的里程计算工地转移费；工地转移里程数在表列里程之间时，费率可内插计算。工地转移距离在 50km 以内的工程不计取本项费用。

3.2.2 间接费

间接费由规费和企业管理费两项组成。间接费的基本计算公式为：

$$间接费 = \sum（费用计算基数 \times 费用费率） \tag{3-6}$$

其中，费用计算基数指间接包括的各项子费用的计算基数，费用费率指各项子费用的费率。

1. 规费

规费系指法律、法规、规章、规程规定施工企业必须缴纳的费用（简称规费），包括：

（1）养老保险费。系指施工企业按规定标准为职工缴纳的基本养老保险费。

（2）失业保险费。系指施工企业按国家规定标准为职工缴纳的失业保险费。

（3）医疗保险费。系指施工企业按规定标准为职工缴纳的基本医疗保险费和生育保险费。

（4）住房公积金。系指施工企业按规定标准为职工缴纳的住房公积金。

（5）工伤保险费。系指施工企业按规定标准为职工缴纳的工伤保险费。

各项规费以各类工程的人工费之和为基数，费率按国家或工程所在地法律、法规、规章、规程规定的标准计算。

2. 企业管理费

企业管理费由基本费用、主副食运费补贴、职工探亲路费、职工取暖补贴和财务费用五项组成。

（1）基本费用

企业管理费基本费用系指施工企业为组织施工生产和经营管理所需的费用，内容包括：

1）管理人员工资。系指管理人员的基本工资、工资性补贴、职工福利费、劳动保护费以及缴纳的养老、失业、医疗、生育、工伤保险费和住房公积金等。

2）办公费。系指企业办公用的文具、纸张、账表、印刷、邮电、书报、会议、水、电、烧水和集体取暖（包括现场临时宿舍取暖）用煤（气）等费用。

3）差旅交通费。系指职工因公出差和工作调动（包括随行家属的旅费）的差旅费、住勤补助费，市内交通费和误餐补助费，职工探亲路费，劳动力招募费，职工离退休、退职一次性路费，工伤人员就医路费，以及管理部门使用的交通工具的油料、燃料、养路费及牌照费。

4）固定资产使用费。系指管理和试验部门及附属生产单位使用的属于固定资产的房屋、设备、仪器等的折旧、大修、维修或租赁费等。

5）工具用具使用费。系指管理使用的不属于固定资产的生产工具、器具、家具、交通工具和检验、试验、测绘、消防用具等的购置、维修和摊销费。

6）劳动保险费。系指企业支付离退休职工的易地安家补助费、职工退职金、六个月以上的病假人员工资、职工死亡丧葬补助费、抚恤费、按规定支付给离休干部的各项经费。

7）工会经费。系指企业按职工工资总额计提的工会经费。

8）职工教育经费。系指企业为职工学习先进技术和提高文化水平，按职工工资总额计提的费用。

9）保险费。系指企业财产保险、管理用车辆等保险费用。

10）工程保修费。系指工程竣工交付使用后，在规定保修期以内的修理费用。

11）工程排污费。系指施工现场按规定缴纳的排污费用。

12）税金。系指企业按规定缴纳的房产税、车船使用税、土地使用税、印花税、城市维护建设税及教育费附加等。

13）其他。系指上述项目以外的其他必要的费用支出，包括技术转让费、技术开发费、业务招待费、绿化费、广告费、投标费、公证费、定额测定费、法律顾问费、审计费、咨询费等。

基本费用以各类工程的直接费之和为基数，根据工程类别选用表 3-14 的费率计算。

基本费用费率表（％）　　　　　　　　　表 3-14

工程类别	费率	工程类别	费率
人工土方	3.36	构造物Ⅰ	4.44
机械土方	3.26	构造物Ⅱ	5.53
汽车运输	1.44	构造物Ⅲ	9.79
人工石方	3.45	技术复杂大桥	4.72
机械石方	3.28	隧道	4.22
高级路面	1.91	钢材及钢结构	2.42
其他路面	3.28		

（2）主副食运费补贴

主副食运费补贴系指施工企业在远离城镇及乡村的野外施工购买生活必需品所需增加的费用。该费用以各类工程的直接费之和为基数，根据运输综合里程和工程类别选用表 3-15 的费率计算。

主副食运费补贴费率表（％）　　　　　　表 3-15

工程类别	综合里程（km）											
	1	3	5	8	10	15	20	25	30	40	50	每增加 10
人工土方	0.17	0.25	0.31	0.39	0.45	0.56	0.67	0.76	0.89	1.06	1.22	0.16
机械土方	0.13	0.19	0.24	0.30	0.35	0.43	0.52	0.59	0.69	0.81	0.95	0.13
汽车运输	0.14	0.20	0.25	0.32	0.37	0.45	0.55	0.62	0.73	0.86	1.00	0.14
人工石方	0.13	0.19	0.24	0.30	0.34	0.42	0.51	0.58	0.67	0.80	0.92	0.12
机械石方	0.12	0.17	0.22	0.28	0.33	0.41	0.49	0.55	0.65	0.76	0.89	0.12
高级路面	0.08	0.12	0.15	0.20	0.22	0.28	0.33	0.38	0.44	0.52	0.60	0.08
其他路面	0.09	0.12	0.15	0.20	0.22	0.28	0.33	0.38	0.44	0.52	0.61	0.09
构造物Ⅰ	0.13	0.18	0.23	0.28	0.32	0.40	0.49	0.55	0.65	0.76	0.89	0.12
构造物Ⅱ	0.14	0.20	0.25	0.30	0.35	0.43	0.52	0.60	0.70	0.83	0.96	0.13
构造物Ⅲ	0.25	0.36	0.45	0.55	0.64	0.79	0.96	1.09	1.28	1.51	1.76	0.24
技术复杂大桥	0.11	0.16	0.21	0.25	0.29	0.36	0.43	0.49	0.57	0.68	0.79	0.11
隧道	0.11	0.16	0.19	0.24	0.28	0.34	0.42	0.48	0.56	0.66	0.77	0.10
钢材及钢结构	0.11	0.16	0.20	0.26	0.30	0.37	0.44	0.50	0.59	0.69	0.80	0.11

综合里程＝粮食运距×0.06＋燃料运距×0.09＋蔬菜运距×0.15＋水运距×0.70

粮食、燃料、蔬菜、水的运距均为全线平均运距；综合里程数在表列里程之间时，费率可内插；综合里程在 1km 以内的工程不计取本项费用。

（3）职工探亲路费

职工探亲路费系指按照有关规定施工企业职工在探亲期间发生的往返车船费、市内交通费和途中住宿费等费用。该费用以各类工程的直接费之和为基数，根据工程类别选用表 3-16 的费率计算。

（4）职工取暖补贴

职工取暖补贴系指按规定发放给职工的冬季取暖费或在施工现场设置的临时取暖设施的费用。该费用以各类工程的直接费之和为基数，按工程所在地的气温区和工程类别选用表 3-17 的费率计算。

职工探亲路费费率表（％）　　　　表 3-16

工程类别	费率	工程类别	费率
人工土方	0.10	构造物 I	0.29
机械土方	0.22	构造物 II	0.34
汽车运输	0.14	构造物 III	0.55
人工石方	0.10	技术复杂大桥	0.20
机械石方	0.22	隧道	0.27
高级路面	0.14	钢材及钢结构	0.16
其他路面	0.16		

职工取暖补贴费率表（％）　　　　表 3-17

工程类别	气温区						
	准二区	冬一区	冬二区	冬三区	冬四区	冬五区	冬六区
人工土方	0.03	0.06	0.10	0.15	0.17	0.26	0.31
机械土方	0.06	0.13	0.22	0.33	0.44	0.55	0.66
汽车运输	0.06	0.12	0.21	0.31	0.41	0.51	0.62
人工石方	0.03	0.06	0.10	0.15	0.17	0.25	0.31
机械石方	0.05	0.11	0.17	0.26	0.35	0.44	0.53
高级路面	0.04	0.07	0.13	0.19	0.25	0.31	0.38
其他路面	0.04	0.07	0.14	0.18	0.24	0.30	0.36
构造物 I	0.06	0.12	0.19	0.28	0.36	0.46	0.56
构造物 II	0.06	0.13	0.20	0.30	0.41	0.51	0.62
构造物 III	0.11	0.23	0.37	0.56	0.74	0.93	1.13
技术复杂大桥	0.05	0.10	0.17	0.26	0.34	0.42	0.51
隧道	0.04	0.08	0.14	0.22	0.28	0.36	0.43
钢材及钢结构	0.04	0.07	0.12	0.19	0.25	0.31	0.37

（5）财务费用

财务费用系指施工企业为筹集资金而发生的各项费用，包括企业经营期间发生的短期贷款利息净支出、汇兑净损失、调剂外汇手续费、金融机构手续费，以及企业筹集资金发生的其他财务费用。

财务费用以各类工程的直接费之和为基数，按工程类别选用表 3-18 的费率计算。

财务费用费率表（％）　　　　表 3-18

工程类别	费率	工程类别	费率
人工土方	0.23	构造物 I	0.37
机械土方	0.21	构造物 II	0.40
汽车运输	0.21	构造物 III	0.82
人工石方	0.22	技术复杂大桥	0.46
机械石方	0.20	隧道	0.39
高级路面	0.27	钢材及钢结构	0.48
其他路面	0.30		

3. 辅助生产间接费

辅助生产间接费系指由施工单位自行开采加工的砂、石等材料及施工单位自办的人工装卸和运输的间接费。

辅助生产间接费按人工费的5%计。该项费用并入材料预算单价内构成材料费，不直接出现在概（预）算中。

高原地区施工单位的辅助生产，可按其他工程费中高原地区施工增加费费率，以直接工程费为基数计算高原地区施工增加费（其中：人工采集、加工材料，人工装卸、运输材料按人工土方费率计算；机械采集、加工材料按机械石方费率计算；机械装、运输材料按汽车运输费率计算）。辅助生产高原地区施工增加费不作为辅助生产间接费的计算基数。

3.2.3 利润

利润系指施工企业完成所承包工程应取得的盈利。利润按直接费与间接费之和扣除规费的7.42%计算。

3.2.4 税金

税金系指按国家税法规定应计入建筑安装工程造价的增值税销项税额。

$$税金 = 税前工程造价 \times 建筑业增值税税率 \qquad (3-7)$$

式中，税前工程造价＝直接费＋间接费＋利润，各项费用均以不含增值税（可抵扣进项税额）的价格（费率）进行计算；建筑业增值税税率为11%。

3.3 设备、工具、器具及家具购置费

3.3.1 设备购置费

设备购置费系指为满足公路的营运、管理、养护需要，购置的达到固定资产标准的设备和虽低于固定资产标准但属于设计明确列入设备清单的设备的费用，包括渡口设备，隧道照明、消防、通风的动力设备，高等级公路的收费、监控、通信、供电设备，养护用的机械、设备和工具、器具等的购置费用。

设备购置费应由设计单位列出计划购置的清单（包括设备的规格、型号、数量），以设备原价加综合业务费和运杂费按以下公式计算：

$$设备购置费 = 设备原价 + 运杂费（运输费 + 装卸费 + 搬运费）$$
$$+ 运输保险费 + 采购及保管费 \qquad (3-8)$$

需要安装的设备，应在第一部分建筑安装工程费的有关项目内另计设备的安装工程费。

（1）国产设备原价的构成及计算

国产设备的原价一般是指设备制造厂的交货价，即出厂价或订货合同价。

$$设备原价 = 出厂价(或供货地点价) + 包装费 + 手续费 \qquad (3-9)$$

（2）进口设备原价的构成及计算

进口设备的原价是指进口设备的抵岸价，即抵达买方边境港口或边境车站，且交完关税为止形成的价格。即：

$$进口设备原价 = 货价 + 国际运费 + 运输保险费 + 银行财务费 + 外贸手续费 +$$
$$关税 + 增值税 + 消费税 + 商检费 + 检疫费 + 车辆购置附加费 \qquad (3-10)$$

1）货价，一般指装运港船上交货价（FOB，习惯称离岸价）。进口设备货价按有关生产厂商询价、报价、订货合同价计算。

2）国际运费，即从装运港（站）到达我国抵达港（站）的运费。即：

$$国际运费 = 原币货价(FOB) \times 运费费率 \qquad (3-11)$$

运费费率参照有关部门或进出口公司的规定执行，海运费费率一般为 6%。

3）运输保险费

$$运输保险费 = [原币货价(FOB) + 国际运费] \div (1 - 保险费费率)$$
$$\times 保险费费率 \qquad (3-12)$$

保险费费率按保险公司规定的进口货物保险费费率计算，一般为 0.35%。

4）银行财务费

$$银行财务费 = 人民币货价(FOB) \times 银行财务费费率 \qquad (3-13)$$

银行财务费费率一般为 0.4%～0.5%。

5）外贸手续费

$$外贸手续费 = [人民币货价(FOB) + 国际运费 + 运输保险费] \times$$
$$外贸手续费费率 \qquad (3-14)$$

外贸手续费费率一般为 1%～1.5%。

6）关税

$$关税 = [人民币货价(FOB) + 国际运费 + 运输保险费] \times 进口关税税率$$
$$(3-15)$$

进口关税税率按我国海关总署发布的进口关税税率计算。

7）增值税

$$增值税 = [人民币货价(FOB) + 国际运费 + 运输保险费 + 关税 + 消费税] \times$$
$$增值税税率 \qquad (3-16)$$

税率根据规定的税率计算，目前进口设备适用的税率为 17%。

8）消费税

$$应纳消费税额 = [人民币货价(FOB) + 国际运费 + 运输保险费 + 关税]$$
$$\div (1 - 消费税税率) \times 消费税税率 \qquad (3-17)$$

消费税只对部分进口设备（如轿车、摩托车等）征收，税率根据规定的税率计算。

9）商检费

$$商检费 = [人民币货价(FOB) + 国际运费 + 运输保险费] \times 商检费费率$$
$$(3-18)$$

商检费费率一般为 0.8%。

10) 检疫费

检疫费 = [人民币货价(FOB) + 国际运费 + 运输保险费] × 检疫费费率

$$(3-19)$$

检疫费费率一般为 0.17%。

11) 车辆购置附加费

进口车辆购置附加费 = [人民币货价(FOB) + 国际运费 + 运输保险费 + 关税 + 消费税 + 增值税] × 进口车辆购置附加费费率 $(3-20)$

(3) 设备运杂费

国产设备运杂费指由设备制造厂交货地点起至工地仓库（或施工组织设计指定的需要安装设备的堆放地点）止所发生的运费和装卸费。进口设备运杂费指由我国到岸港口或边境车站起至工地仓库（或施工组织设计指定的需要安装设备的堆放地点）止所发生的运费和装卸费。其计算公式为：

运杂费 = 设备原价 × 运杂费费率 $(3-21)$

其中，设备运杂费费率见表 3-19。

设备运杂费费率表（%）　　　　　　　　　　　　　表 3-19

运输里程 (km)	100 以内	101~200	201~300	301~400	401~500	501~750	751~1000	1001~1250	1251~1500	1501~1750	1751~2000	2000 以上每增 250
费率	0.8	0.9	10	1.1	1.2	1.5	1.7	2.0	2.2	2.4	2.6	0.2

(4) 设备运输保险费

设备运输保险费指国内运输保险费。其计算公式为：

运输保险费 = 设备原价 × 保险费费率 $(3-22)$

设备运输保险费费率一般为 1%。

(5) 设备采购及保管费

设备采购及保管费指采购、验收、保管和收发设备所发生的各种费用，包括设备采购人员、保管人员和管理人员的工资、工资附加费、办公费、差旅交通费，设备供应部门办公和仓库所占固定资产使用费、工具用具使用费、劳动保护费、检验试验费等。其计算公式为：

采购及保管费 = 设备原价 × 采购及保管费费率 $(3-23)$

需要安装的设备的采购保管费费率为 2.4%，不需要安装的设备的采购保管费费率为 1.2%。

3.3.2　工具器具及生产家具（简称工器具）购置费

工器具购置费系指建设项目交付使用后为满足初期正常营运必须购置的第一套不构成固定资产的设备、仪器、仪表、工卡模具、器具、工作台（框、架、柜）等的费用。该费用不包括构成固定资产的设备、工器具和备品、备件，及已列入设备购置费中的专用工具和备品、备件。

对于工器具购置，应由设计单位列出计划购置的清单（包括规格、型号、

41

数量），购置费的计算方法同设备购置费。

3.3.3 办公及生活用家具购置费

办公和生活用家具购置费系指为保证新建、改建项目初期正常生产、使用和管理所必须购置的办公和生活用家具、用具的费用。范围包括：行政、生产部门的办公室、会议室、资料档案室、阅览室、单身宿舍及生活福利设施等的家具、用具。

办公和生活用家具购置费按表 3-20 的规定计算。

办公和生活用家具购置费标准表　　　　　　表 3-20

工程所在地	路线（元/公里）				有看桥房的独立大桥（元/座）	
	高速公路	一级公路	二级公路	三、四级公路	一般大桥	技术复杂大桥
内蒙古、黑龙江、青海、新疆、西藏	21500	15600	7800	4000	24000	60000
其他省、自治区、直辖市	17500	14600	5800	2900	19800	49000

3.4 工程建设其他费用

3.4.1 土地征用及拆迁补偿费

土地征用及拆迁补偿费系指按照《中华人民共和国土地管理法》及《中华人民共和国土地管理法实施条例》、《中华人民共和国基本农田保护条例》等法律、法规的规定，为进行公路建设需征用土地所支付的土地征用及拆迁补偿费等费用。

1. 费用内容

（1）土地补偿费，指被征用土地地上、地下附着物及青苗补偿费，征用城市郊区的菜地等缴纳的菜地开发建设基金，租用土地费，耕地占用税，用地图编制费及勘界费，征地管理费等。

（2）征用耕地安置补助费，指征用耕地需要安置农业人口的补助费。

（3）拆迁补偿费，指被征用或占用土地上的房屋及附属构筑物、城市公用设施等拆除、迁建补偿费，拆迁管理费等。

（4）复耕费，指临时占用的耕地、鱼塘等，待工程竣工后将其恢复到原有标准所发生的费用。

（5）耕地开垦费，指公路建设项目占用耕地的，应由建设项目法人（业主）负责补充耕地所发生的费用；没有条件开垦或者开垦的耕地不符合要求的，按规定缴纳的耕地开垦费。

（6）森林植被恢复费，指公路建设项目需要占用、征用或者临时占用林地的，经县级以上林业主管部门审核同意或批准，建设项目法人（业主）单位按照有关规定向县级以上林业主管部门预缴的森林植被恢复费。

2. 计算方法

土地征用及拆迁补偿费按国家有关规定及工程所在地的省（自治区、直辖市）人民政府颁发的有关规定和标准计算。

3.4.2　建设项目管理费

建设项目管理费包括建设单位（业主）管理费、工程监理费、设计文件审查费和竣（交）工验收试验检测费。

1. 建设单位（业主）管理费

建设单位（业主）管理费系指建设单位（业主）为建设项目的立项、筹建、建设、竣（交）工验收、总结等工作所发生的费用，不包括应计入设备、材料预算价格的建设单位采购及保管设备、材料所需的费用。

费用内容包括：工作人员的工资、工资性补贴、施工现场津贴、社会保障费用（基本养老、基本医疗、失业、工伤保险）、住房公积金、职工福利费、工会经费、劳动保护费；办公费、会议费、差旅交通费、固定资产使用费（包括办公及生活房屋折旧、维修或租赁费，车辆折旧、维修、使用或租赁费，通信设备购置、使用费，测量、试验设备仪器折旧、维修或租赁费，其他设备折旧、维修或租赁费等）、零星固定资产购置费、招募生产工人费；技术图书资料费、职工教育经费、工程招标费（不含招标文件及标底或造价控制值编制费）；合同契约公证费、法律顾问费、咨询费；建设单位的临时设施费、完工清理费、竣（交）工验收费（含其他行业或部门要求的竣工验收费用）、各种税费（包括房产税、车船使用税、印花税等）；建设项目审计费、境内外融资费用（不含建设期贷款利息）、业务招待费、安全生产管理费和其他管理性开支。

建设单位（业主）管理费以建筑安装工程费总额为基数，按表 3-21 的费率，以累进办法计算。

建设单位管理费费率表　　　　　　　　　　　　　　　表 3-21

第一部分 建筑安装工程费（万元）	费率%	算例（万元）	
		建筑安装工程费	建设单位（业主）管理费
500 以下	3.48	500	500×3.48%＝17.4
501～1000	2.73	1000	17.4＋500×2.73%＝31.05
1001～5000	2.18	5000	31.05＋4000×2.18%＝118.25
5001～10000	1.84	10000	118.25＋5000×1.84%＝210.25
10001～30000	1.52	30000	210.25＋20000×1.52%＝514.25
30001～50000	1.27	50000	514.25＋20000×1.27%＝768.25
50001～100000	0.94	100000	768.25＋50000×0.94%＝1238.25
100001～150000	0.76	150000	1238.25＋50000×0.76%＝1618.25
150001～200000	0.59	200000	1618.25＋50000×0.59%＝1913.25
200001～300000	0.43	300000	1913.25＋10000×0.43%＝2343.25
300000 以上	0.32	310000	2343.25＋10000×0.32%＝2375.25

2. 工程监理费

工程监理费系指建设单位（业主）委托具有公路工程监理资格的单位，按施工监理规范进行全面的监督和管理所发生的费用。

费用内容包括：工作人员的基本工资、工资性津贴、社会保障费用（基本养老、基本医疗、失业、工伤保险）、住房公积金、职工福利费、工会经费、劳动保护费；办公费、会议费、差旅交通费、固定资产使用费（包括办公及生活房屋折旧、维修或租赁费，车辆折旧、维修、使用或租赁费，通信设备购置、使用费，测量、试验、检测设备仪器折旧、维修或租赁费，其他设备折旧、维修或租赁费等）、零星固定资产购置费、招募生产工人费；技术图书资料费、职工教育经费、投标费用；合同契约公证费、咨询费、业务招待费；财务费用、监理单位的临时设施费、各种税费和其他管理性开支。

工程监理费以建筑安装工程费总额为基数，按表 3-22 的费率计算。

工程监理费费率表　　　　　　　　　　　表 3-22

工程类别	高速公路	一级及二级公路	三级及四级公路	桥梁及隧道
费率（%）	2.0	2.5	3.0	2.5

3. 设计文件审查费

设计文件审查费系指国家和省级交通主管部门在项目审批前，为保证勘察设计工作的质量，组织有关专家或委托有资质的单位，对设计单位提交的建设项目可行性研究报告和勘察设计文件以及对设计变更、调整概算进行审查所需要的相关费用。

设计文件审查费以建筑安装工程费总额为基数，按 0.1% 计算。

4. 竣（交）工验收试验检测费

竣（交）工验收试验检测费系指在公路建设项目交工验收和竣工验收前，由建设单位（业主）或工程质量监督机构委托有资质的公路工程质量检测单位按照有关规定对建设项目的工程质量进行检测，并出具检测意见所需要的相关费用。

竣（交）工验收试验检测费按表 3-23 的规定计算。

竣（交）工验收试验检测费标准表　　　　　　　表 3-23

项目	路线（元/公路公里）			独立大桥（元/座）		
	高速公路	一级及二级公路	三级及四级公路	桥梁及隧道	一般大桥	技术复杂大桥
试验检测费	15000	12000	10000	5000	30000	100000

3.4.3　研究试验费

研究试验费系指为本建设项目提供或验证设计数据、资料进行必要的研究试验和按照设计规定在施工过程中必须进行试验、验证所需的费用，以及支付科技成果、先进技术的一次性技术转让费。

计算方法：按照设计提出的研究试验内容和要求进行编制，不需验证设计基础资料的不计本项费用。

3.4.4 建设项目前期工作费

建设项目前期工作费系指委托勘察设计、咨询单位对建设项目进行可行性研究、工程勘察设计，以及编制设计、监理、施工招标文件及招标标底或造价控制值文件时，按规定应支付的费用。该费用包括：

（1）编制项目建议书（或预可行性研究报告）、可行性研究报告、投资估算，以及相应的勘察、设计、专题研究等所需的费用。

（2）初步设计和施工图设计的勘察费（包括测量、水文调查、地质勘探等）、设计费、概（预）算及调整概算编制费等。

（3）设计、监理、施工招标文件及招标标底（或造价控制值或清单预算）文件编制费等。

计算方法：依据委托合同计列，或按国家颁发的收费标准和有关规定进行编制。

3.4.5 专项评价（估）费

专项评价（估）费系指依据国家法律、法规规定须进行评价（评估）、咨询，按规定应支付的费用。该费用包括环境影响评价费、水土保持评估费、地震安全性评价费、地质灾害危险性评价费、压覆重要矿床评估费、文物勘察费、通航论证费、行洪论证（评估）费、使用林地可行性研究报告编制费、用地预审报告编制费等费用。

计算方法：按国家颁发的收费标准和有关规定进行编制。

3.4.6 施工机构迁移费

施工机构迁移费系指施工机构根据建设任务的需要，经有关部门决定，承建之地（指工程处等）由原驻地迁移到另一地区所发生的一次性搬迁费用。该费用不包括：

（1）由施工企业自行负担的，在规定距离范围内调动施工力量以及内部平衡施工力量所发生的迁移费用。

（2）由于违反基建程序，盲目调迁队伍所发生的迁移费。

（3）因中标而引起施工机构迁移所发生的迁移费。

费用内容包括：职工及随同家属的差旅费，调迁期间的工资，施工机械、设备、工具、用具和周转性材料的搬运费。

计算方法：施工机构迁移费应经建设项目的主管部门同意按实计算。但计算施工机构迁移费后，如迁移地点即新工地地点（如独立大桥），则其他工程费内的工地转移费应不再计算；如施工机构迁移地点至新工地地点尚有部分距离，则工地转移费的距离，应以施工机构新地点为计算起点。

3.4.7 供电贴费

供电贴费系指按照国家规定，建设项目应交付的供电工程贴费、施工临时用电贴费。

计算方法：按国家有关规定计列（目前停止征收）。

3.4.8　联合试运转费

联合试运转费系指新建、改（扩）建工程项目，在竣工验收前按照设计规定的工程质量标准，进行动（静）载荷载实验所需的费用，或进行整套设备带负荷联合试运转期间所需的全部费用抵扣试车期间收入的差额。该费用不包括应由设备安装工程项下开支的调试费的费用。

费用内容包括：联合试运转期间所需的材料、油燃料和动力的消耗，机械和检测设备使用费，工具用具和低值易耗品费，参加联合试运转人员工资及其他费用等。

联合试运转费以建筑安装工程费总额为基数，独立特大型桥梁按 0.075% 计算，其他工程按 0.05% 计算。

3.4.9　生产人员培训费

生产人员培训费系指新建、改（扩）建公路工程项目，为保证生产的正常运行，在工程竣工验收交付使用前对运营部门生产人员和管理人员进行培训所必需的费用。

费用内容包括：培训人员的工资、工资性补贴、职工福利费、差旅交通费、劳动保护费、培训及教学实习费等。

生产人员培训费按设计定员和 2000 元/人的标准计算。

3.4.10　固定资产投资方向调节税（目前暂停征收）

固定资产投资方向调节税系指为了贯彻国家产业政策，控制投资规模，引导投资方向，调整投资结构，加强重点建设，促进国民经济持续稳定协调发展，依照《中华人民共和国固定资产投资方向调节税暂行条例》规定，公路建设项目应缴纳固定资产投资方向调节税。该项费用目前暂停征收。

3.4.11　建设期贷款利息

建设期贷款利息系指建设项目中分年度使用国内贷款或国外贷款部分，在建设期内应归还的贷款利息。费用内容包括各种金融机构贷款、企业集资、建设债券和外汇贷款等利息。

计算方法：根据不同的资金来源按需付息的分年度投资计算。

计算公式如下：

$$建设期贷款利息 = \sum (上年末付息贷款本息累计 +$$
$$本年度付息贷款额 \div 2) \times 年利率 \qquad (3\text{-}24)$$

3.5　预备费

预备费由价差预备费及基本预备费两部分组成。

3.5.1 价差预备费

价差预备费系指设计文件编制年至工程竣工年期间，第一部分费用的人工费、材料费、机械使用费、其他工程费、间接费等以及第二、三部分费用由于政策、价格变化可能发生上浮而预留的费用及外资贷款汇率变动部分的费用。

价差预备费以概（预）算或修正概算第一部分建筑安装工程费总额为基数，按设计文件编制年始至建设项目工程竣工年终的年数和年工程造价增长率计算。

计算公式如下：

$$价差预备费 = P \times [(1+i)^{n-1} - 1] \tag{3-25}$$

式中　P——建筑安装工程费总额（元）；

　　　i——年工程造价增长率（%）；

　　　n——设计文件编制年至建设项目开工年＋建设项目建设期限（年）。

年工程造价增长率按有关部门公布的工程投资价格指数计算，或由设计单位会同建设单位根据该工程人工费、材料费、施工机械使用费、其他工程费、间接费以及第二、三部分费用可能发生的上浮等因素，以第一部分建安费为基数进行综合分析预测。

3.5.2 基本预备费

基本预备费系指在初步设计和概算中难以预料的工程和费用。其用途如下：

（1）在进行技术设计、施工图设计和施工过程中，在批准的初步设计和概算范围内所增加的工程费用。

（2）在设备订货时，由于规格、型号改变的价差；材料货源变更、运输距离或方式的改变以及因规格不同而代换使用等原因发生的价差。

（3）由于一般自然灾害所造成的损失和预防自然灾害所采取的措施费用。

（4）在项目主管部门组织竣（交）工验收时，验收委员会（或小组）为鉴定工程质量必须开挖和修复隐蔽工程的费用。

（5）投保的工程根据工程特点和保险合同发生的工程保险费用。

计算方法：以第一、二、三部分费用之和（扣除固定资产投资方向调节税和建设期贷款利息两项费用）为基数按下列费率计算：设计概算按 5% 计列；修正概算按 4% 计列；施工图预算按 3% 计列。

采用施工图预算加系数包干承包的工程，包干系数为施工图预算中直接费与间接费之和的 3%。施工图预算包干费用由施工单位包干使用。

3.6 计算程序及方法

3.6.1 各项费用的计算程序及方法

公路工程建设各项费用的计算程序及方法见表 3-24。

公路工程建设各项费用的计算程序及方法 表 3-24

代号	项目	说明及计算式
一	直接工程费（即工、料、机费）	按编制年工程所在地的预算价格计算
二	其他工程费	（一）×其他工程费综合费率或各类工程人工费和机械费之和×其他工程费综合费率
三	直接费	（一）+（二）
四	间接费	各类工程人工费×规费综合费率+（三）×企业管理费综合费率
五	利润	[（三）+（四）－规费]×利润率
六	税金	[（三）+（四）+（五）]×增值税税率
七	建筑安装工程费	（三）+（四）+（五）+（六）
八	设备、工具、器具购置费（包括备品备件）	Σ（设备、工具、器具购置数量×单价+运杂费）×（1+采购保管费率）
九	办公和生活用家具购置费	按有关规定计算
	工程建设其他费用	
	土地征用及拆迁补偿费	按有关规定计算
	建设单位（业主）管理费	（七）×费率
	工程质量监督费	（七）×费率
	工程监理费	（七）×费率
	工程定额测定费	（七）×费率
	设计文件审查费	（七）×费率
	竣（交）工验收试验检测费	按有关规定计算
	研究试验费	按批准的计划编制
	前期工作费	按有关规定计算
	专项评价（估）费	按有关规定计算
	施工机构迁移费	按实计算
	供电贴费	按有关规定计算
	联合试运转费	（七）×费率
	生产人员培训费	按有关规定计算
	固定资产投资方向调节税	按有关规定计算
	建设期贷款利息	按实际贷款数及利息计算
十	预备费	包括工程造价增长预留费和预备费两项
	价差预备费	按规定的公式计算
	基本预备费	[（七）+（八）+（九）－固定资产投资方向调节税－建设期贷款利息]×费率
	预备费中施工图预算包干系数	[（三）+（四）]×费率
十一	建设项目总费用	（七）+（八）+（九）+（十）

3.6.2 "营改增"其他工程费和企业管理费调整方法

其他工程费的各项费率按表 3-3 至表 3-13 中数值乘以表 3-25 对应的调整系数计算，结果取 2 位小数。

企业管理费的各项费率按表 3-14 至表 3-18 中数值乘以表 3-26 对应的调整系数计算，结果取 2 位小数。

"营改增"其他工程费费率调整系数　　　　　表 3-25

	其他工程费										
	冬期施工增加费	雨期施工增加费	夜间施工增加费	高原地区施工增加费	风沙地区施工增加费	沿海地区施工增加费	行车干扰施工增加费	施工标准化与安全措施费	临时设施费	施工辅助费	工地转移费
人工土方	1.074	1.082	—	1.068	1.081	—	1.077	1.058	1.045	1.051	1.02
机械土方	1.197	1.207	—	1.192	1.207	—	1.202	1.18	1.165	1.172	1.137
汽车运输	1.214	1.224	—	1.208	1.223	—	1.218	1.197	1.181	1.188	1.153
人工石方	1.074	1.082	—	1.068	—	—	1.077	1.058	1.045	1.051	1.02
机械石方	1.191	1.201	—	1.177	—	—	1.187	1.175	1.159	1.166	1.132
高级路面	1.22	1.23	—	1.177	1.191	—	1.187	1.202	1.188	1.195	1.159
其他路面	1.148	1.158	—	1.158	1.173	—	1.168	1.132	1.118	1.124	1.091
构造物Ⅰ	1.144	1.153	—	1.08	1.093	—	1.089	1.128	1.113	1.119	1.086
构造物Ⅱ	1.177	1.187	1.194	1.133	—	1.179	1.143	1.161	1.146	1.152	1.119
构造物Ⅲ	1.189	1.199	1.205	1.181	—	1.19	1.191	1.172	1.157	1.164	1.13
技术复杂大桥	1.195	1.205	1.211	1.155	—	1.196	—	1.178	1.163	1.169	1.135
隧道	1.172	—	—	1.126	—	—	—	1.155	1.141	1.146	1.113
钢材及钢结构	1.235	—	1.252	1.097	1.11	1.236	—	1.218	1.202	1.209	1.174

"营改增"企业管理费费率调整系数　　　　　表 3-26

	企业管理费				
	基本费用	主副食运费补贴费	职工探亲路费	职工取暖补贴费	财务费用
人工土方	1.113	1.013	1.087	1.068	1.075
机械土方	1.236	1.124	1.207	1.186	1.194
汽车运输	1.259	1.146	1.229	1.208	1.216
人工石方	1.113	1.013	1.087	1.068	1.075
机械石方	1.233	1.122	1.203	1.183	1.19
高级路面	1.259	1.146	1.23	1.209	1.217
其他路面	1.189	1.082	1.161	1.141	1.148
构造物Ⅰ	1.185	1.078	1.156	1.136	1.144
构造物Ⅱ	1.218	1.109	1.189	1.168	1.176
构造物Ⅲ	1.231	1.12	1.201	1.18	1.188
技术复杂大桥	1.235	1.124	1.207	1.186	1.192
隧道	1.212	1.103	1.184	1.163	1.17
钢材及钢结构	1.274	1.159	1.244	1.223	1.231

3.7　小结

　　本章介绍了公路工程概预算费用的组成，说明了各项费用的内涵和计算方法。

习题

3-1　概预算总金额由哪些费用组成？

3-2　建筑安装工程费包括哪些费用？

3-3　设备、工器具购置费的主要用途是什么？

3-4　直接工程费包括哪些具体费用，如何计算？

3-5　材料预算单价的组成是什么，如何计算？

3-6　人工装卸、手推车运砂，平均运距为80m，人工的单价为68.91元/工日，计算每m³砂的运杂费？

3-7　某桥梁工程的定额基价为100万元，直接费为130万元，其他直接费的综合费率为10%，现场经费的综合费率为20%，间接费的综合费率为5%，施工技术装备费的费率为3%，计划利润率为4%，计算直接工程费和间接费。

3-8　某省新建一级公路，已知直接工程费为12000万元，其中人工费为1000万元，其他工程费费率为5%，各类规费费率为40%，企业管理费率为10%，利润率为7%，税率为3.41%，计算建筑安装工程费。

3-9　某公路建设项目采购钢筋的供应价为3500元/t，运杂费为2元/t·km，运输距离为40km，运输途中发生的路桥通行费为20元/t，计算该材料的预算价格。

3-10　某新建项目，建设期4年，分年均衡进行贷款，第一年贷款10000万元，以后各年贷款均为5000万元，年贷款利率为6%，建设期内利息只计息不支付，计算项目建设期贷款利息。

附：概预算费用计算实例

编制某高速公路路基土石方工程概算，挖土方普通土 3000000m³，平均运距 50m，采用 165kW 推土机推土施工。该工程地处山重区。机械土方其他工程费综合费率Ⅰ为 2.5%，其他工程费综合费率Ⅱ为 1.5%，规费费率为 40%，企业管理费综合费率为 5%。人工工日预算单价为 70 元，165kW 推土机台班单价为 2100 元。问：

(1) 计算直接工程费、直接费、间接费。

(2) 计算建筑安装工程费。

(3) 计算建设单位（业主）管理费、工程监理费。

【解】

1）根据已知条件查概算定额 1109010 和 1109012，得到推土机推土 50 米的定额值（1000m³）：

人工：$15.5 + 0.4 \times \dfrac{(50-40)}{10} = 15.9$ 工日

推土机：$1.71 + 0.34 \times \dfrac{(50-40)}{10} = 2.05$ 台班

2）计算直接工程费、直接费、间接费

人工费 $= 15.9 \times \dfrac{3000000}{1000} \times 70 = 3339000$ 元

机械使用费 $= 2.05 \times \dfrac{3000000}{1000} \times 2100 = 12915000$ 元

人工费与机械使用费合计 $= 3339000 + 12915000 + 0 = 16254000$ 元

材料费为 0

直接工程费 $= 3339000 + 12915000 + 0 = 16254000$ 元

其他工程费 $= 16254000 \times 2.5\% + 16254000 \times 1.5\% = 650160$ 元

直接费 $= 16254000 + 650160 = 16904160$ 元

规费 $= 3339000 \times 40\% = 1335600$ 元

企业管理费 $= 16904160 \times 5\% = 845208$ 元

间接费 $= 1335600 + 845208 = 2180808$ 元

3）计算建筑安装工程费

利润 $= (16904160 + 2180808 - 1335600) \times 7.42\% = 1317003$ 元

税金 $= (16904160 + 2180808 + 1317003) \times 11\% = 2244217$ 元

建筑安装工程费 $= 16904160 + 2180808 + 1317003 + 2244217 = 22646188$ 元

4）计算建设单位（业主）管理费、工程监理费

建设单位（业主）管理费 $= 310500 + (22646188 - 10000000) \times 2.18\% = 586187$ 元

工程监理费 $= 22646188 \times 2\% = 452924$ 元

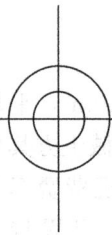

第4章
工程量计算

本章知识点

> 【知 识 点】概预算工程量的计算、清单工程量的计算。
> 【基本要求】熟悉清单工程量的计算规则，掌握概预算工程量的计
> 算规则。
> 【重　　点】概预算工程量的计算。

工程量计算是指根据设计图纸、施工组织、标准规范等资料计算工程项目的实物工程数量。正确计算工程量对合理确定工程概预算具有重要意义。工程量计算的主要依据有：

（1）设计文件

设计文件包括设计图纸和设计说明等，不仅表示各种构造类型、大小尺寸等结构资料，而且包括计算工程概预算需要的其他资料，如混凝土和砂浆的强度等级、主材规格种类以及施工要求等。熟悉设计图纸和文字说明，准确计算工程量，是编制工程概预算的前提条件。

（2）工程量清单计价规范和定额说明

《公路工程工程量清单计量规则》和省、市、自治区颁发的地区性工程定额中比较详细地规定各分部分项工程量计算规则和计算办法。

定额说明中的工程量计算规则，是指按分部分项工程界定的定额单位所包含的施工工艺内容，更确切地说，是从设计图表资料上去摘取工程量的规则。

（3）施工方案及施工组织设计资料

工程项目中的临时工程和辅助工程一般不会出现在设计图纸中，而是在编制施工方案和施工组织设计时确定。这些临时工程和辅助工程需要计入概预算总金额，因此必须计算其工程量。

（4）其他相关的技术经济文件

4.1 路基工程数量计算

4.1.1 概预算工程量计算规则

1. 路基土石方工程

路基土石方工程包括伐树、挖根、除草、清除表土，挖淤泥、湿土、流

沙，土石方的开挖、装车、运输、碾压及洒水，耕地填前夯（压）实及填前挖松，挖土质台阶，整修路拱及边坡等众多的工程项目。在计算工程量时，应注意如下有关事项：

（1）路基土石方的开挖工作，是按工作难易程度，将土壤和岩石分为松土、普通土、硬土、软石、次坚石、坚石六类，而土石方的运输和压实则只分为土方和石方两项，并均以"m³"为计量单位。所以，应注意按土石类别或土方和石方分别计算工程量。

概算定额和预算定额中路基土石方的开挖、运输、压实的划分标准和深度基本上是一致的，只是在编制施工图预算时，作为计价依据的耕地填前压实、挖土质台阶、挖截水沟，整修路拱及边坡，零星土方等项应根据设计图表资料分别整理和计算工程量，而编制设计概算则是按不同公路等级将其综合扩大为"路基零星工程"一项，采用"km"为计量单位，以修建的公路长度核减路线内的桥梁、隧道的长度作为计价依据。

（2）路基土石方的开挖、装卸、运输是按天然密实体积（m³）计算，填方则是按压（夯）实后的体积（m³）计算。当移挖作填或借土填筑路堤时，应考虑定额中所规定的换算系数因素，即采用以天然密实方为计量单位的定额乘以规定的换算系数进行计价。

（3）伐树、挖根、除草、清除表土定额中伐树及挖根概算是以"m²"为计量单位，而预算则以棵计，两者作为计价工程量的表现形式是不同的。

（4）为了合理确定路基土石方的运输费用，应根据不同机械的经济运距，科学配置机械设备，以此作为土石方运输计价的依据。

（5）编制设计概算和施工图预算时，下列工程数量由施工组织设计提出，并入路基填方数量内计算：

1）清除表土或零填方地段的基底压实、耕地填前夯（压）实后，回填至原地面标高所需的土石方数量。

2）因路基沉陷需要增加填筑的土石方数量。

3）为保证路基边缘的压实度须加宽填筑时，所需的土石方数量。若加宽填筑部分需清除，废方需远运处理时，要按实计算工程量和套用相应的定额进行计价。

（6）在取定填方数量时，要根据建设工程的实际情况，结合施工计划的安排，如填土最佳含水量要求、在干旱季节施工的数量等，据以确定需要洒水的数量。

（7）在公路建设中，设计图纸中通常在计算路基土石方数量时，不扣除涵洞和通道所占路基土石方的体积。而高等级公路一般修建这类工程较多，相对而言，就显得突出，故应结合建设工程的实际情况，适当扣减路基填方数量。

2. 路基排水工程

（1）边沟、排水沟、截水沟、急流槽项目，在预算定额中挖基需要单独采用定额计算，铺设垫层需要按照桥梁工程中定额计算，而概算中挖基与垫层则不需单独计算，均已综合包括在定额中。

（2）路基盲沟的工程量为设计设置盲沟的长度。

（3）砌筑工程的工程量为砌体的实际体积，包括构成砌体的砂浆体积。

（4）预制混凝土构件的工程量为预制构件的实际体积，不包括预制构件中空心部分的体积。

（5）轻型井点降水定额工程量按 50 根井管为一套，不足 50 根的按一套计算。

3. 路基防护工程

（1）概算定额综合了挖基、垫层等工程内容，以圬工实体作为计价依据。预算定额则是按不同结构形式和部位进行计价。应注意两者之间存在的差异，以利正确计算工程量。

（2）概预算定额中均已包括按设计要求需要设置的伸缩缝、沉降缝的费用以及水泥混凝土的拌合费用，不需要单独计算。

（3）植草护坡定额中均已综合考虑胶粘剂、保水剂、营养土、肥料、覆盖薄膜等的费用，使用定额时不需单独计算。

（4）概算定额中加筋土挡土墙及现浇锚碇板式挡土墙的工程量为墙体混凝土的体积。加筋土挡土墙墙体混凝土体积为混凝土面板、基础垫板及檐板的体积之和，现浇锚碇板式挡土墙墙体混凝土体积为墙体混凝土的体积，定额中已综合了锚碇板的数量，使用定额时不得将锚碇板的数量计入工程量中，而预算定额应单独计算。

（5）铺草皮按所铺边坡的坡面面积计算，护坡按设计需要防护的边坡坡面面积计算。

（6）木笼、竹笼、铁丝笼填石护坡的工程量按填石体积计算。

（7）砌筑工程的工程量为砌体的实际体积，包括构成砌体的砂浆体积。

（8）预制混凝土构件的工程量为预制构件的实际体积，不包括预制构件中空心部分的体积。

（9）预应力锚索的工程量为锚索（钢绞线）的长度与工作长度的质量之和。

（10）抗滑桩挖孔工程量按护壁外缘所包围的面积乘设计孔深计算。

4. 路基软基处理工程

（1）袋装砂井及塑料排水板处理软土地基，工程量为设计深度，定额材料消耗量中已包括砂袋或塑料排水板的预留长度。

（2）振冲碎石桩定额中不包括污泥排放处理的费用，需要时另行计算。

（3）挤密砂桩和石灰砂桩处理软土地基的工程量为设计桩断面积乘以设计桩长。

（4）粉体喷射搅拌桩和高压旋喷桩处理软土地基定额的工程量为设计桩长。

（5）土工布的铺设面积为锚固沟外缘所包围的面积，包括锚固沟的底部面积和侧面积。定额中不包括排水的内容，需要时另行计算。

（6）强夯定额中已综合考虑夯坑的排水费用，使用定额时不得另行增加费用。强夯定额中未包括垫层，需要时另计。

（7）堆载预压定额中包括了堆载四面的放坡，沉降观测，修坡道以及施工中测量放线，定位的工、料消耗，使用定额时均不得另行计算。但未包括砂垫层、竖向排水体及堆载材料运输。

4.1.2 清单工程量计算规则

在进行路基工程清单工程量计算时，应特别注意：

（1）路基土石方的界定，设计文件中将路基土石方划分为松土、普通土、硬土、软石、次坚石、坚石六类，而清单工程量中只将土石方划分为土方和石方两类，应严格按照工程量清单说明或技术规范的要求进行界定。

（2）土石方体积用平均断面法计算。但应与似棱体公式计算方式结果比较，如果误差超过 5％时，采用似棱体公式计算。

（3）路基填方工程量中应扣除跨径大于 5m（或技术规范中规定的某一跨径）的通道、涵洞及小桥的空间体积。

（4）为保证路基压实度两侧需加宽填筑的体积，零填零挖的翻松压实，挖方路基的路床顶面以下，土方断面挖松深 300mm 再压实；石方断面应辅以人工凿平或填平压实，作为承包人应做的附属工作，均不予计算。

（5）桥涵台背回填按设计图纸计算其数量。但在路基填方工程量中应扣除涵洞、通道台背及桥梁桥长范围内台背特殊处理的数量。

（6）临时道路养护、场地清理、临时排水与防护、脚手架、模板的安装与拆除及场内运输等均应包含在相应的工程项目单价中，不另行计算其工程量。

（7）排水、防护、支挡工程中的钢筋、锚杆、锚索的除锈、制作、安装、运输及锚具锚垫板、注浆管、封锚、护套、支架等，砌筑工程中的嵌缝材料、砂浆勾缝、抹面、泄水孔、滤水层以及基础的开挖和回填等有关作业，均作为承包人应做的附属工作，不另行计算其工程量。

4.2 路面工程数量计算

4.2.1 概预算工程量计算规则

路面工程量的计算原则和方法，无论是编制设计概算，还是编制施工图预算，基本上是一致的。如除沥青混合料路面以路面实体为计量单位外，其余均以路面设计面积计算。不过其中有些计价资料要根据建设工程的实际情况和施工组织设计的要求计算，它们在设计图表资料上是不反映的。因此在计算工程量时，还应注意以下有关问题。

（1）要了解开挖的路槽废方，在计算路基土石方数量时，是否作了综合平衡调配，原则上不应在某一地段一边进行借土填筑路堤，一边又产生大量废方需远运处理的不合理现象。若路槽废方确需远运处理时，则应确定弃土场的地点及其平均运距。其次是应根据路基横断面和沿线路基土石方成分确定挖路槽的土石面积，不应以路基土石方的比例作为划分的依据。

（2）应结合概预算定额章节说明的相关规定，分别统计汇总工程量，以便套用定额。如：路面工程预算定额章说明中规定，各类稳定土基层、级配碎石、级配砾石路面基层的压实厚度在 15cm 以内，填隙碎石一层的压实厚度在 12cm 以内，垫层和其他种类的基层和底基层压实厚度在 20cm 以内，拖拉机、平地机和压路机台班按定额数量计算。如超过以上压实厚度进行分层拌合、碾压时，拖拉机、平地机和压路机台班按定额数量加倍，每 $1000m^2$ 增加 3.0 工日。当在上述界定的厚度之上或之下的各类结构形式有多个不同的设计厚度时，应分别统计汇总。

（3）要根据施工组织设计或标段的划分，结合该地区现有拌合设备的生产能力，综合考虑临时用地、材料和混合料的运输费用等，合理确定拌合场的地点和面积、需要安拆的拌合设备的型号，并据此计算出混合料的平均运距。

（4）根据设计要求，泥结碎石及级配碎、砾石路面应加铺磨耗层及保护层，概算定额已综合在内，不能再另行计算。编制预算时，则应结合当地砂石料的情况，按实计列磨耗层和保护层。

（5）概预算定额手册中的水泥、石灰稳定类基层定额，其水泥或石灰与其他材料系按某一标准的配合比编制的，但考虑到各地水文、地质、气候等情况差异大，建设工程的技术要求不同，其配合比就可能不同。因此，特规定了材料消耗量的换算公式，故在计算工程量时要注意设计配合比是否与定额规定一致，以便进行调整。

（6）在概预算定额中，有透层、黏层定额，一般在完工的基层上应洒布透层油，使用定额时，应根据设计沥青洒布量调整定额消耗，再进行沥青混合料的铺筑工程。当在旧沥青路面上或水泥混凝土路面上则应洒布黏层油，在计算工程量，不要漏计这些工程内容。

（7）要了解桥梁、涵洞、通道、隧道等工程，凡已计列了桥面铺装的，是否已扣除了桥梁等所占的长度和面积，以免重复计算。

4.2.2 清单工程量计算规则

路面工程清单工程量计算相对简单，其主要工程的清单工程量计算规则如下：

1. 各类路面

（1）各类路面，应按设计图纸所示的面积，按不同厚度分别以平方米计算。

（2）对个别特殊形状的路面面积，应采用适当计算方法计算，超过图纸规定的面积均不计算。

（3）水泥混凝土路面的模板及缩缝、胀缝的填缝材料、高密度橡胶板，均包含在浇筑不同厚度水泥混凝土面层的工程项目中，不另行计算。

（4）水泥混凝土路面养生用的养护剂、覆盖的麻袋、养护器材等，均包含在浇筑不同厚度水泥混凝土面层的工程项目中，不另行计算。

（5）水泥混凝土路面的补强钢筋及拉杆、传力杆等钢筋按设计图纸要求以千克计算。因搭接而增加的钢筋不计算其工程量。

（6）沥青混凝土路面和水泥混凝土路面所需的外掺剂不另行计算。

（7）沥青混凝土、水泥混凝土和（底）基层混合料拌合站、贮料场的建设和拆除、恢复均包括在相应工程项目中，不另行计算。

（8）桥梁和明涵处的搭板、埋板下变截面各类底基层按设计图纸所示，以立方米计算。

2. 路面其他工程

（1）培土路肩及中央分隔带回填土按压实的体积分别以立方米为单位计算。现浇混凝土加固土路肩、混凝土预制块加固土路肩分别以延米为单位计算。

（2）水泥混凝土加固土路肩，沿路肩表面按长度以延米为单位计算，加固土路肩的混凝土立模、摊铺、振捣、养护、拆模，预制块预制铺砌，接缝材料等及其他有关加固土路肩的杂项工作均属承包人的附属工作，不另行计算。

（3）路缘石按设计图纸所示的长度进行，以延米为单位计算。埋设路缘石的基槽开挖与回填、夯实以及混凝土垫层或水泥砂浆垫层等有关杂项工作均属承包人的附属工作，不另行计算。

（4）中央分隔带处设置的排水设施，按设计图纸的要求分别按下列项目计算：

① 排水管按不同材料、不同直径分别以米计算。

② 纵向雨水沟（管）按长度以米计算。

③ 集水井按不同尺寸以座计算。

④ 渗沟按不同截面尺寸以延米计算。

⑤ 防水沥青油毡以平方米计算。

（5）路肩排水沟，按设计图纸要求分别按下列项目计算：

① 混凝土路肩排水沟按长度以米计算。

② 路肩排水沟砂砾垫层（路基填筑中已计算者除外）按立方米计算。

③ 土工布以平方米计算。

（6）排水管基础开挖和基础浇筑、胶泥隔水层及出水口预制混凝土垫块及混凝土包封等不另行计算，包含在排水管单价中。

（7）渗沟上的土工布不另计算，包含在渗沟单价中。

（8）拦水带按长度以米计算。

4.3 桥涵工程数量计算

4.3.1 概预算工程量计算规则

桥涵工程计价的项目比较多，工程量的计算和摘取工作难度也大，根据实践经验，从挖基开始摘取工程量，然后按照基础、下部和上部以及相应的辅助工程顺序进行，可以使工程量计算工作有序化，避免漏项或重复的错误。

1. 开挖基坑

(1) 基坑的开挖工作应按土方、石方、深度、干处或湿处等不同情况分别统计其数量，并结合施工期内河床水位高低合理确定围堰的类别及其数量。

(2) 编制预算时，开挖基坑土石方运输按弃土于坑外 10m 范围内考虑，如坑上水平运距超过 10m，另按路基土石方增运定额计算，而编制概预算时不需考虑增运。

(3) 基坑开挖工程量按基坑容积计算。

(4) 基坑挡土板的支挡面积，按坑内需支挡的侧面积计算。

2. 基础工程

(1) 筑岛、围堰及沉井工程

1) 草土、草（麻）袋、竹笼按围堰中心长度计算，高度按施工水深加0.5m 计算，木笼铁丝围堰实体按木笼所包围的体积计算，筑岛工程量按筑岛体积计算。

2) 钢板桩围堰的工程量按设计需要的钢板桩质量计算。

3) 套箱围堰的工程数量为套箱金属结构的质量，套箱整体下沉时悬吊平台的钢结构及套箱内支撑的钢结构均已综合在定额中，不得作为套箱工程量进行计算。

4) 沉井制作的工程量：重力式沉井为设计图纸井壁及隔墙混凝土数量；钢丝网水泥薄壁沉井为刃脚及骨架钢材的质量，但不包括钢丝网的质量；钢壳沉井的工程量为钢材的设计总质量。

5) 沉井下沉定额的工程量按沉井刃脚外缘所包围的面积乘沉井刃脚下沉入土深度计算。沉井下沉按土石所在的不同深度分别采用不同的下沉深度的定额。定额中的下沉深度指沉井顶面到作业面的高度。定额中已综合溢流（翻砂）的数量，不得另加工程量。

6) 沉井浮运、接高、定位落床定额的工程量为沉井刃脚外缘所包围的面积，分节施工的沉井接高的工程量应按各节沉井接高工程量之和计算。

7) 锚碇系统定额的工程量指锚碇的数量，按施工组织设计的需要量计算。

8) 地下连续墙导墙的工程量按设计需要设置的导墙的混凝土体积计算；成槽和墙体混凝土的工程量按地下连续墙设计长度、厚度和深度的乘积计算；锁口管吊拔和清底置换的工程量按地下连续墙的设计槽段数（指槽壁单元槽段）计算；内衬的工程量按设计需要的内衬混凝土体积计算。

9) 地下连续墙定额中未包括施工便道、挡水帷幕、注浆加固等，需要时应根据施工组织设计另行计算。挖出的土石方或凿铣的泥渣如需外运时，应按路基工程中相关定额进行计算。

(2) 打桩工程

1) 打预制钢筋混凝土方桩和管柱的工程量，应根据设计尺寸及长度以体积计算（管桩的空心部分应予以扣除）。设计中规定凿去的桩头部分的数量，应计入设计工程量内。

2）钢筋混凝土方桩的预制工程量，应为打桩定额中括号内的备制数量。

3）拔桩工程量按实际需要数量计算。

4）打钢板桩的工程量按设计需要的钢板桩质量计算。

5）打桩用的工作平台的工程量，按施工组织设计所需的面积计算。

6）船上打桩工作平台的工程量，根据施工组织设计，按一座桥梁实际需要打桩机的台数和每台打桩机需要的船上工作平台面积的总和计算。

（3）灌注桩工程

1）灌注桩成孔工程量按设计入土深度计算。定额中的孔深指护筒顶至桩底（设计标高）的深度，造孔定额中同一孔内的不同土质，不论其所在的深度如何，均采用总孔深定额。

2）人工挖孔的工程量按护筒（护壁）外缘所包围的面积乘设计孔深计算。

3）灌注桩混凝土的工程量按设计桩径横断面面积乘设计桩长计算，不得将扩孔因素和凿桩头数量计入工程量中。

4）灌注桩工作平台的工程量按施工组织设计需要的面积计算。

5）钢护筒的工程量按护筒的设计质量计算。当设计没有提出钢护筒的设计质量时，可参考概预算定额中的有关数据进行计算。

3．下部工程

（1）编制概算时，墩台的计价工程量为墩台身及翼墙、墩台帽、拱座、盖梁及耳背墙、桥台等二层以下的帽石（有人行道时为第一层以下的帽石）的工程数量之和，既不分片石、块石，也不分砂浆和混凝土强度等级之不同。只有墩和台两个计价定额，而桥台的锥形护坡则更简单，以"座"计。台背及锥坡内的填土夯实也综合在定额内，都不再另计。至于编制预算时，则要按照上述分部分项工程逐一摘取工程量，分别进行计价。

（2）墩台砌石工程的数量，若施工设计图纸上未具体划分片石、块石时，台身可按75%的片石、25%的块石，墩身可按60%的片石、40%的块石，取定其工程量，作为编制预算的依据。

（3）凡墩、台、墩镶面、拱石、帽石、栏杆等采用浆砌混凝土预制块编制预算时，预制块的预制数量以设计砌体乘以0.92的系数作为预制块的计价依据。

（4）桥台上的路面应归入路面工程内计价。

（5）编制现浇混凝土方柱式墩（高30m以内）、空心墩（高40m以内，70m以内）和索塔的预算时，应以每座墩、塔为基数确定提升模架和施工电梯的数量，作为计价依据。

4．上部工程

（1）编制概算时，如梁板桥的行车道系预制与安装是合并在一起以构件的设计实体和现浇接缝等混凝土之和作为计价依据，泄水管、支座、伸缩缝（预应力连续梁、连续刚构、斜拉桥除外）、预制场及其设施、吊装设备、构件运输等工程，因已将其工料消耗综合在定额内，均不得另行计算。至于编制预算时，则应按照上述各分项工程和辅助工程，分别取定其工程量进行计价。

（2）若吊装设备的使用期限超过定额规定的四个月时，可按施工计划期调整设备的摊销费。设备的计划使用期，应包括由设备库与施工现场的往返运输和安装前的试拼与完工拆除后清理、修整、油漆所需的全部时间。

（3）预制人行道、缘石、栏杆柱及栏杆扶手等小型构件的工程量，应按设计构件的体积增计场内运输和操作损耗。

（4）拱桥上部构造工程有砌石、现浇混凝土和预制安装混凝土构件等不同结构形式。编制概算时，其行车道都是以拱上全部圬工实体作为计价依据。拱上填料和防水层等，已将其工料消耗综合在定额内。当编制预算时，要按主体工程和辅助工程的各分项工程取定工程量进行计价。

（5）石拱桥和现浇混凝土梁、板、拱桥，所需的拱盔、支架工程在编制概算和预算时，都要根据工程的实际情况计算取定。若周转次数达不到定额规定时，可以进行调整。

（6）预算定额中制定了多种吊装构件的施工方法和配套的吊装设备，但各有其适用范围，在编制预算时，既不要漏计，如采用人字扒杆安装矩形板，则每座桥计列一个人字扒杆；也不能随意采用，如缆索吊装设备是安装箱形拱桥等的配套吊装工具，就不得采用缆索吊装设备来安装 T 形梁。同时，在某一项预算中已计列了缆索吊装设备，就不应计列运输索道设施，应考虑利用缆索作为运输材料之用，这些情况在取定计价工程量时应予以注意。

5. 涵洞工程

涵洞工程的概算定额，按常用的结构分为石盖板涵、石拱涵、钢筋混凝土圆管涵、钢筋混凝土盖板涵和钢筋混凝土箱涵五类，并分别按其洞身、洞口的各种设计圬工体积（m^3）作为计量单位，挖基、排水、钢筋、拱盔支架和安装设备以及其他附属设施等的工料消耗均已综合在定额内，均不得另行计算。编制概算时，只需从设计图表上分别按洞身和洞口摘取工程量进行计价，涵洞上的路面则应在路面工程内计算。编制预算时，则与编制桥梁工程一样，分别按挖基、基础和上下部工程，以及相应的辅助工程摘取或确定其工程量。挖基废方是否需要处理，也要综合考虑，按实际计入工程造价。

6. 钢筋工程

（1）编制概预算时，除概算定额中的涵洞工程已将其钢筋工程的工料消耗综合在定额内之外，其余的钢筋工程都是与混凝土分开计算工程量。

（2）定额中的光圆钢筋和带肋钢筋存在比例，若与设计图表资料不同时，应据实进行调整。因此，要按光圆、带肋钢筋分别从设计图表上摘取工程量。

（3）钢筋应以其设计长度所计算的理论质量为准，施工焊接和下料等操作损耗已计入定额内，不得计入钢筋的工程量内。

（4）钢绞线和高强钢丝的工程量为锚固长度和工作长度质量之和。

（5）现浇墩、台、塔的高度大于钢筋的一般定尺长度，需分节浇筑接长钢筋时，所需的搭接长度的数量可按 $20\sim30d$（d 为钢筋的直径）另行计入钢筋数量内。

4.3.2 清单工程量计算规则

桥梁工程中主要工程的清单工程量计算规则如下：

1. 钢筋

根据设计图纸所示及钢筋表所列，以千克（kg）计算。其内容包括钢筋混凝土中的钢筋和预应力混凝土中的非预应力钢筋及混凝土桥面铺装中的钢筋。

2. 基础挖方及回填

（1）基础挖方应按下述规定，取用底、顶面间平均高度的棱柱体体积，分别按干处、水下及土、石，以立方米计算。

基础底面、顶面及侧面的确定应符合下列规定：

1）基础挖方底面：按设计图纸所示的基础（包括地基处理部分）的基底标高线计算。

2）基础挖方顶面：按设计图纸的横断面上所标示的原地面线计算。

3）基础挖方侧面：按顶面到底面，以超出基底周边 0.5m 的竖直面为界。

（2）为完成基础挖方所做的地面排水及围堰、基坑支撑及抽水、基坑回填与压实、错台开挖、斜坡开挖及基坑土的运输等，作为挖基工程的附属工作，不另行计算。

3. 桩基础

（1）桩基础按设计图纸所示，按不同桩径的桩长以米计算。

（2）设置支撑和护壁、开挖、钻孔、清孔、钻孔泥浆、护筒、混凝土、破桩头，以及必要时在水中填土筑岛、搭设工作台架、浮箱平台、栈桥、桩的无破损试验及预埋的钢管等其他为完成工程的项目，作为桩基础的附属工作，不另行计算。

4. 沉井

（1）沉井按设计图纸要求，混凝土按就位后沉井顶面以下各不同部位（井壁、顶板、封底、填芯）和不同混凝土等级的体积以立方米为单位计算。

（2）沉井制作及下沉奠基，其中包括场地准备，围堰筑岛，模板、支撑的制作安装与拆除，沉井浇筑、接高，沉井下沉，空气幕助沉，井内挖土，基底处理等工作，均应视为完成沉井工程所必需的工作，不另行计算。

（3）沉井刃脚所用钢材，视作沉井的附属工程材料，不另行计算。

5. 结构混凝土工程及预应力混凝土工程

（1）以设计图纸所示，分别以结构类型及强度等级，以立方米计算。

（2）直径小于 200mm 的管子、钢筋、锚固件、管道、泄水孔等所占混凝土体积不予扣除。作为砌体砂浆的小石子混凝土，不另行计算。

（3）预应力钢材，按设计图纸所示或预应力钢材表所列数量以千克（kg）计算。后张法预应力的长度按两端锚具间的理论长度计算；先张法预应力钢材的长度按构件的长度计算。

（4）为完成结构物所用的施工缝连接钢筋、预制构件的预埋钢板、防护角钢或钢板、脚手架或支架及模板、排水设施、防水处理、基础底碎石垫层、混凝土养护、混凝土表面修整及为完成结构物的其他杂项子目，以及混凝土预制构件的安装架设设备拼装、移运、拆除和为安装所需的临时性或永久性的固定扣件、钢板、焊接、螺栓等，预应力钢材的加工、锚具、管道、锚板及联结钢板、焊接、张拉、压浆等，预应力锚具包括锚圈、夹片、连接器、螺栓、垫板、喇叭管、螺旋钢筋等整套部件，均作为各项相应混凝土工程的附属工作，不另行计算。

6. 砌石工程

（1）以设计图纸所示，各种石砌体或预制混凝土块砌体，以立方米计算。

（2）计算体积时，所用尺寸应由图纸标明的计价线或计价体积计算。相邻不同石砌体计算中，应包括不同石砌体间灰缝体积的一半。镶面石突出部分超过外轮廓线者不予计算。泄水孔、排水管或其他面积小于 $0.02m^2$ 的孔眼不予扣除，削角或其他装饰的切削，其数量为所用石料的 5% 或者小于 5% 者，不予扣除。

（3）砂浆或作为砂浆的小石子混凝土，作为砌体工程的附属工作，不另计算。

7. 桥面铺装

（1）桥面铺装应按图纸所示的尺寸，分不同材料及级别，按平方米计算。由于施工原因而超铺的桥面铺装，不予计算。

（2）桥面防水层按设计图纸要求，以平方米计算。

（3）桥面泄水孔及混凝土桥面铺装接缝等作为桥面铺装的附属工作，不另行计算。

8. 桥梁支座

支座按设计图纸所示不同的类型，包括支座的提供和安装，以个计算。支座的清洗、运输、起吊及安装支座所需的扣件、钢板、焊接、螺栓、粘结等，作为支座安装的附属工程，不另行计算。

9. 桥梁接缝和伸缩装置

（1）桥面伸缩装置按设计图纸要求，分不同结构形式以米计算。其内容包括伸缩装置的提供和安装等作业。

（2）除伸缩装置外的其他接缝，如橡胶止水片、沥青类接缝填料等，作为有关工程的附属工作，不另行计算。

（3）安装时切割和清除伸缩装置范围内沥青混凝土铺装和安装伸缩装置所需的临时性或永久性的扣件、钢板、焊接、螺栓、粘结等，作为伸缩装置安装的附属工作，不另行计算。

10. 涵洞、通道

（1）各类涵洞、通道，以设计图纸规定的洞身长度，分不同孔径及孔数，以米计算。

（2）图纸中标明的基底垫层和基座，圆管的接缝材料，沉降缝的填料与防水材料等，洞口建筑，包括八字墙、一字墙、帽石、锥坡、铺砌、跌水井以及基础挖方及运输、地基处理与回填等，均作为承包人应做的附属工作，不另行计算。

（3）洞口（包括倒虹吸管）建筑以外涵洞上下游沟渠的改沟、铺砌、加固以及急流槽消力坎的建造等均列入坡面排水计算。

（4）通道范围（含端墙外各 20m）内的土方、路面工程及锥坡填筑均作为通道的附属工作，不单独计算。

4.4　小结

本章介绍了路基工程、路面工程和桥涵工程的概预算工程量及清单工程量的计算规则和注意事项。

习题

4-1　工程量计算的依据有哪些？

4-2　简述路基土石方在编制设计概算和施工图预算时需要计算的计价工程量。

4-3　简述路面基层在编制设计概算和施工图预算时需要计算的计价工程量。

4-4　简述路基土石方的清单工程量计算规则。

4-5　简述桩基础的清单工程量计算规则。

4-6　简述水泥混凝土路面工程概预算工程量计算规则。

4-7　简述钢筋工程的概预算工程量计算规则。

附：工程量计算实例

【例4-1】 某标段高速公路路基土石方设计，无挖方，按断面计算的填方数量201000m³，平均填土高度5.0m，边坡坡度1：1.5。本标段路线长度6km，路基宽度为26m，地面以上范围内填方中40%从其他标段调用，平均运距为3000m，其他为借方，平均运距为2000m（均按普通土考虑）。为保证路基边缘的压实度须加宽铺筑，宽填宽度为50cm，完工后要刷坡但不远运。假设填前压实沉陷厚度为15cm，土的压实干密度为1.4t/m³，自然土的含水量约低于其最佳含水量2%，水的平均运距为1km。

问：列出编制本项目土石方施工图预算所需的全部计价工程量。

【解】

1. 路基填前压实沉陷增加数量：6000×（26＋5×1.5×2）×0.15＝36900m³

2. 路基宽填增加数量：6000×0.5×2×5＝30000m³

3. 实际填方数量：201000＋30000＋36900＝267900m³

4. 利用方数量：201000×40%＝80400m³

5. 借方数量：267900－80400＝187500m³

6. 填前压实数量：6000×（26＋5×1.5×2）＝246000m²

7. 土方压实需加水数量：267900×1.4×2%＝7501m²

8. 整修路拱数量：6000×26＝156000m²

【例4-2】 某大桥为5×25m预应力混凝土分体小箱梁桥，桥梁全长133m，下部构造采用重力式桥台和柱式桥墩，桥台高8.6m，桥墩高9.1m。

桥梁下部结构主要工程数量为：U形桥台C30混凝土487.8m³，台帽C40混凝土190.9m³；柱式桥墩立柱C40混凝土197.7m³，盖梁C40混凝土371.7m³。施工要求采用集中拌合运输，混凝土拌合场设在距离桥位500m的一片荒地，拌合站采用40m³/h的规格，拌合站安拆及场地费用不计。

根据给定桥梁下部结构相关清单子目号、子目名称见表4-1，编制桥梁下部结构工程量清单。

桥梁下部结构相关清单子目号、子目名称 　　　　表4-1

子目号	子目名称	子目号	子目名称
410—2	下部结构混凝土	410—2—d	轻型桥台
410—2—a	重力式U形桥台	410—2—e	柱式桥墩
410—2—b	肋板式桥台	410—2—f	薄壁式桥墩
410—2—c	柱式桥台	410—2—g	空心桥墩

【解】

工程量清单见表4-2所示。

【例4-3】 某项目主线为双向四车道高速公路，路基宽26m，采用沥青混凝土路面结构形式，具体工程数量见表4-3，表4-4：

工程量清单表　　　　　　　　　　　　表 4-2

子目号	子目名称	计量单位	工程数量
410－2	下部结构混凝土		
410－2－a	重力式 U 形桥台		
410－2－a－1	C30 混凝土台身	m³	487.8
410－2－a－2	C40 混凝土台帽	m³	190.9
410－2－e	柱式桥墩		
410－2－e－1	C40 混凝土桥墩	m³	197.7
410－2－e－2	C40 混凝土盖梁	m³	371.7

路面工程部分数量表　　　　　　　表 4-3

起止桩号	结构类型			
	4cm 厚 SMA-13 上面层	8cm 厚粗粒式沥青混凝土下面层	20cm 厚 5％水稳碎石基层	SBS 改性乳化沥青透层
	面积（1000m²）	面积（1000m²）	面积（1000m²）	面积（1000m²）
第 1 合同段合计	98.9	98.9	106.902	98.9

纵向排水管工程数量表　　　　　表 4-4

起止桩号	长度（m）	现浇 C25 沟身（m³）	预制 C30 盖板（m³）	沥青麻絮伸缩缝（m²）	盖板钢筋（t）	砂砾垫层（m³）
第 1 合同段合计	4612	553.43	221.37	84.55	51192.2	507.31

施工组织拟采用集中拌合，摊铺机铺筑，混合料综合平均运距为 5km，混合料均采用 15t 自卸汽车运输，基层稳定土混合料采用 300t/h 稳定土拌合站拌合，沥青混凝土采用 240t/h 沥青混合料拌合站拌合。

编制路面工程工程量清单。

【解】

工程量清单表　　　　　　　　　　　　表 4-5

子目号	子目名称	单位	数量
304－3	水泥稳定碎石基层		
－a	20cm 水泥稳定碎石基层	m²	106902
308－1	透层		
－a	SBS 改性乳化沥青透层	m²	98900
309－3	粗粒式沥青混凝土下面层		
－a	厚 80mm	m²	98900
311－3	SMA-13 上面层		
－a	厚 40mm	m²	98900
314－2	纵向排水沟（管）		
－a	纵向排水管	m	4612

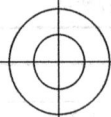

第5章
概预算文件编制

本章知识点

【知 识 点】概预算文件的内容、概预算表格的填写。

【基本要求】了解概预算项目表，熟悉概预算文件的内容，掌握概预算表格的填写顺序和方法。

【重　　点】概预算表格的填写。

5.1 概预算文件组成

5.1.1 概预算项目

工程概预算按照分层分项计算、逐项逐层汇总的思路进行计算。公路工程概预算项目参照《公路工程基本建设项目概算预算编制办法》JTG B06—2007 附录四的项目表进行层次和分项划分。公路工程概预算项目主要包括以下内容：

第一部分　建筑安装工程

  第一项　临时工程

  第二项　路基工程

  第三项　路面工程

  第四项　桥梁涵洞工程

  第五项　交叉工程

  第六项　隧道工程

  第七项　公路设施及预埋管线工程

  第八项　绿化及环境保护工程

  第九项　管理、养护及服务房屋

  第十项　利润

  第十一项　税金

第二部分　设备及工具、器具购置费

第三部分　工程建设其他费用

概预算项目应严格按项目表的序列及内容编制，不得随意划分。如果实际出现的工程和费用项目与项目表的内容不完全相符时，一、二、三部分和

"项"的序号应保留不变，"目"、"节"及"细目"可随需要增减，并按项目表的顺序以实际出现的"目"、"节"及"细目"依次排列，不保留缺少的"目"、"节"及"细目"的序号。如第二部分，设备及工具、器具购置费在该项工程中不发生时，第三部分工程建设其他费用仍为第三部分。同样，路线工程第一部分第六项为隧道工程，第七项为公路设施及预埋管线工程，若路线中无隧道工程项目，其序号仍保留，公路设施及预埋管线仍为第七项。但如"目"、"节"及"细目"发生这样的情况时，可依次递补改变序号。路线建设项目中互通式立体交叉、辅道、支线，如工程规模较大时，也可按概预算项目表单独编制建筑安装工程，然后将其概预算建筑安装总金额列入路线的总概预算表中相应的项目内。

5.1.2 概预算文件

概预算文件由封面及目录，概预算编制说明及全部概预算计算表格组成。

1. 封面及目录

概预算文件的封面和扉页应按《公路工程基本建设项目设计文件编制办法》JTG B06—2007 中的规定制作，扉页的次页应有建设项目名称、编制单位、编制、复核人员姓名并加盖执业（从业）资格印章，编制日期及第几册共几册等内容。目录应按概、预算表格的表号顺序编排。

2. 概预算编制说明

概预算编制完成后，应写出编制说明，文字力求简明扼要。叙述的内容一般有：

（1）建设项目设计资料的依据及有关文号，如建设项目可行性研究报告文号、初步设计和概算批准文号（编制修正概算及预算时），以及根据何时的测设资料及比选方案进行编制等。

（2）采用的定额、费用标准，人工、材料、机械台班单价的依据或来源，补充定额及编制依据的详细说明。

（3）与概预算有关的委托书、协议书、会谈纪要等主要内容（或将抄件附后）。

（4）总概预算金额，人工、钢材、水泥、沥青、木料的总需要量情况，各设计方案的经济比较，以及编制中存在的问题。

（5）其他与概预算有关但不能在表格中反映的事项。

3. 概预算表格

公路工程概预算应按统一的概预算表格计算。概预算表格是一个有机的整体，互相联系，共同反映出工程的费用。各种表格的计算顺序及相互关系，如图 5-1 所示。

4. 甲组文件和乙组文件

概预算文件按不同的需要分为两组，甲组文件为各项费用计算表；乙组文件为建筑安装工程费各项基础数据计算表，只供审批使用。

甲乙两组文件包括的内容如下：

68

自采材料料场价格计算表（10表）　　机械台班单价计算表（11表）

辅助生产工、料、机械台班数量表（12表）

材料预算单价计算表（09表）

人工、材料、机械台班单价汇总表（07表）

建筑安装工程费计算数据表（08-1表）　　分项工程概预算表（08-2表）　　其他工程费及间接费综合费率计算表（04表）

××段人工、主要材料、机械台班数量汇总表（02表）

建筑安装工程费计算表（03表）

工程建设其他费用及回收金额计算表（06表）

××段总概预算表（01表）　　设备、工具、器具购置费计算表（05表）

总概预算人工、主要材料、机械台班数量汇总表（02-1表）

总概预算汇总表（01-1表）

编制说明

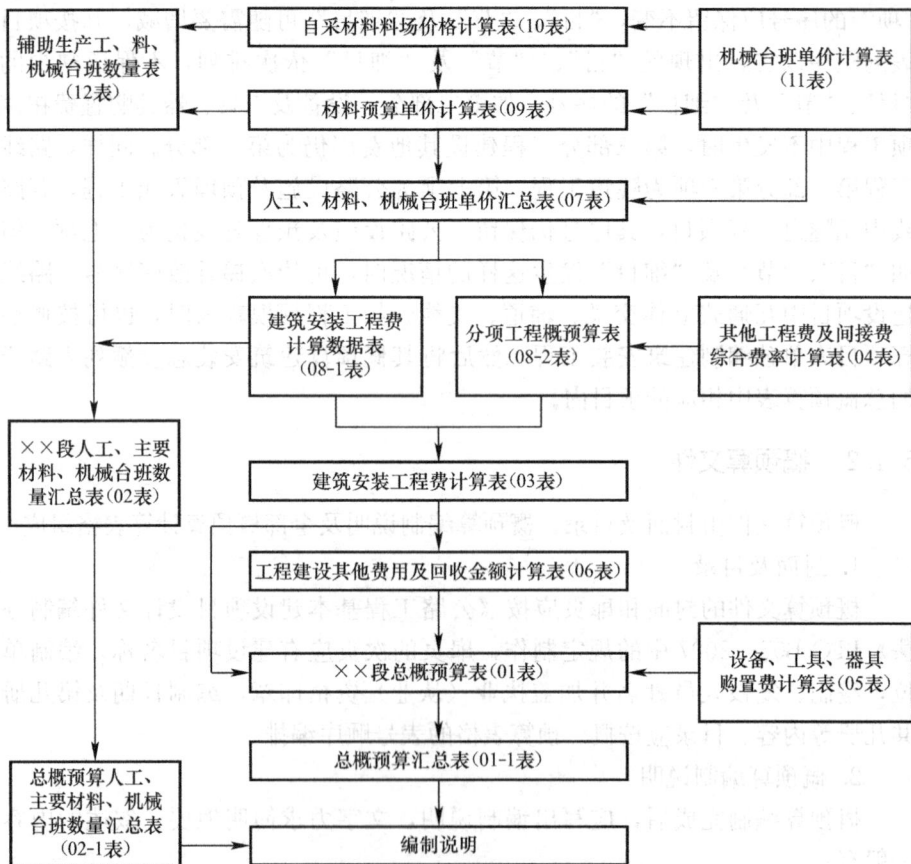

图 5-1　各种表格的计算顺序和相互关系图

甲组文件
- 编制说明
- 总概（预）算汇总表（01-1 表）
- 总概（预）算人工、主要材料、机械台班数量汇总表（02-1 表）
- 总概（预）算表（01 表）
- 人工、主要材料、机械台班数量汇总表（02 表）
- 建筑安装工程费计算表（03 表）
- 其他工程费及间接费综合费率计算表（04 表）
- 设备、工具、器具购置费计算表（05 表）
- 工程建设其他费用及回收金额计算表（06 表）
- 人工、材料、机械台班单价汇总表（07 表）

乙组文件
- 建筑安装工程费计算数据表（08-1 表）
- 分项工程概（预）算表（08-2 表）
- 材料预算单价计算表（09 表）
- 自采材料料场价格计算表（10 表）
- 机械台班单价计算表（11 表）
- 辅助生产工、料、机械台班单价数量表（12 表）

5.2 概预算文件编制流程

概、预算文件的编制是一项十分严肃的工作，编制质量的高低及各项计算的准确与否，直接关系着国家的经济利益。为了确保概、预算文件的编制质量，必须根据工程概、预算内在的规律和国家的有关规定，按一定的程序编制。概预算编制的基本程序如图 5-2 所示。

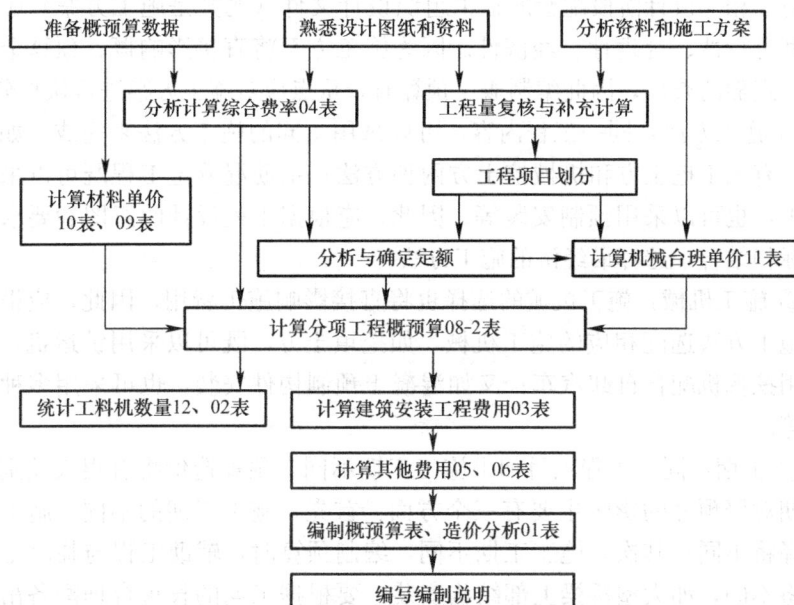

图 5-2　概、预算文件编制流程

1. 熟悉设计图纸和资料

编制设计概算、修正概算、施工图预算等文件前，应对相应的初步设计、技术设计和施工图设计内容进行检查和整理，认真阅读和核对设计图纸及其有关表格，比如工程一览表、工程数量表等，若图纸中所用材料规格或要求不清时，要核对查实。

2. 准备概、预算资料

概、预算资料包括概、预算表格，定额和有关文件及现场调查的一系列数据等。在编制概、预算前，应将有关文件如《公路工程基本建设项目设计文件编制办法》、《公路工程基本建设项目概算预算编制办法》，中央和地方的有关文件（如《公路工程基本建设项目概算预算编制办法补充规定》等）准备好，同时，也应将定额（如《公路工程概算定额》、《公路工程预算定额》）及各类补充定额等资料准备齐全。

3. 分析外业调查资料及施工方案

（1）概、预算调查资料

概、预算资料的调查工作是一项关系到概、预算文件质量的基础工作，一般与公路工程外业勘察同时进行。其调查的内容很广，原则上凡对施工生产有影响的一切因素都必须调查，主要是筑路材料的来源（沿线料场及有无自采材料），材料运输方式及运距，运费标准，占用土地的补偿费、安置费及拆迁补偿费，沿线可利用的房屋及劳动力供应情况等。对这些调查资料应进行分析，若有不明确或不全面的部分，应另行调查，以保证概、预算的准确和合理。

（2）施工方案分析

对于相应设计阶段配套的施工组织设计文件（尤其是施工方案）应认真分析其可行性、合理性、经济性。因为施工方案将直接影响概、预算金额的高低和定额的查用，因此编制概、预算时，重点应对施工方案进行认真分析。

① 施工方法：同一工程内容，可以采用不同的施工方法来完成，如土方施工，有人工挖土方和机械挖土方两种方法；钢筋混凝土工程既可以采用现浇施工，也可以采用预制安装等。因此，应根据工程设计的意图和要求同工程实际相结合，选择最经济的施工方法。

② 施工机械：施工机械的选择也将直接影响施工费用，因此，应根据选定的施工方法选配相应的施工机械，如挖填土方，既可以采用铲运机，又可以采用挖掘机配合自卸汽车；又如混凝土预制构件安装，也可采用多种机械施工等。

③ 工期：同一工程项目如果施工工期不同，预算造价将有很大差别。施工工期对概预算的影响主要有三个方面：首先，施工工期的不同，施工方法的选择将不同；其次，施工工期不同，编制预算时，辅助工程与临时工程的数量将不同，如大型桥梁上部结构安装，要根据工期的长短合理配备吊装设备的数量；再则，施工工期的不同，与工期有关的费用计算将不同，如建设期贷款利息、价差预备费等。

④ 辅助工程与临时工程：按交通运输部定额站的统计，辅助工程与临时工程在一般公路工程项目中占工程造价的比重约为 20％左右，在长江上修建的特大型桥梁，占工程造价的比重约为 50％左右。辅助工程与临时工程对概预算的影响主要有两个方面，一是辅助工程与临时工程的数量的多少直接影响概预算工程造价；二是辅助工程与临时工程的位置不同，将影响原材料与半成品的运距，如沥青混凝土拌合站的位置不同，则沥青、碎石等原材料的运距就不同，沥青混凝土半成品的运距也不同。

4. 分项

公路工程概、预算是以分项工程概、预算表为基础计算和汇总而来的，所以工程分项是概、预算工作中的一项重要基础工作。一般公路工程分项时必须满足概、预算项目表、定额及费率的要求，分项应该尽量做到不重不漏，使概、预算的编制准确合理。

（1）按照概预算项目表的要求分项，这是基本要求。概预算项目表实质上是将一个复杂的建设项目分解成许多分项工程的一种科学划分方法。

（2）符合定额项目表的要求。定额项目表是定额的主体内容，分项后的分项工程必须能够在定额项目表中直接查到。

（3）符合费率表的要求。其他工程费和间接费都是按不同工程类别确定的费用定额，因此，所分的项目应满足其要求。

按上面三个方面的要求分项后，便可将工程细目一一引出并填入 08-2 表中。

5. 计算工程量

在编制概、预算时，应对各分项工程按工程量计算规则进行计算。一是对设计中已有工程量进行核对，二是对设计文件中缺少或未列的工程量进行补充计算，计算时应注意计量单位和计算规则与定额的计量单位及计算规则一致。将算得的分项工程量填入 08-2 表中。

6. 查定额

概、预算定额就是以分项工程为对象，统一规定完成一定计量单位分项工程所需的人工、材料、机械台班消耗数量。分项工程一般是按照选用的施工方法，所使用的材料、结构构件规格等因素划分。经较为简单的施工过程就能完成，以适当的计量单位就可以计算工程量及其单价的建筑安装工程产品，是建设项目最基本的组成要素。因此，根据分项所得的工程细目（分项工程）即可从定额中查出相应的人工、材料、施工机械的名称、单位及消耗量定额值。查出各分项工程的定额，并将查得的定额值及定额号分别填入 08-2 表的有关栏目，再将各分项工程的实际工程换算的定额工程数量乘以相应的定额即可得出各分项工程的工料机资源消耗量，填入 08-2 表的数量栏中。

7. 基础单价的计算

编制概、预算的另一项重要工作便是确定基础单价。基础单价是人工工日单价、材料预算单价和施工机械台班单价的统称。定额中除小额零星材料及小型机具用货币指标表示外，其他均是资源消耗的实物指标。要以货币来表现消耗，就必须计算各种资源的单价。有关单价的计算方法在后面的有关内容中介绍，公路工程概预算的基础单价通过材料预算单价计算表（09 表）、自采材料料场价格计算表（10 表）和机械台班单价计算表（11 表）来计算。

（1）根据 08-2 表中所出现的材料种类、规格及机械作业所需的燃料和水电编制 09 表。

（2）根据 08-2 表中所出现的自采材料种类、规格，按照外业调查资料编制 10 表，并将计算结果汇入 09 表的材料原价栏中。

（3）根据 08-2 表、10 表中所出现的所有机械种类和 09 表中自办运输的机械种类，计算所有机械的台班单价，即编制 11 表。

（4）根据地方规定的资料确定人工工日单价。

（5）将上面四项所算得的各基础单价汇总，编制人工、材料、机械台班单价汇总表（07 表）。

8. 计算分项工程的直接费和间接费

有了各分项工程的资源消耗数量及基础单价，便可计算其直接费和间接费。

（1）将 07 表的单价填入 08 表中的单价栏，由单价与数量相乘得出人工费、材料费、机械使用费，并可算得工、料、机合计费用。

（2）根据工程类别和工程所在地区，取定各项费率并计算其他工程费费率和间接费费率，即编制 04 表。

（3）将 04 表中各费率填入 08-2 表中的相应栏目，并以直接工程费、直接费等为基数计算其他工程费和间接费。

（4）分别在 08-2 表中计算直接费和间接费。

9. 计算建筑安装工程费

根据直接工程费和间接费的计算结果，计算利润和税金。建筑安装工程费通过 03 表计算。

（1）将 08 表中各分项工程的直接费、间接费按工程（单位工程）汇总填入 03 表中的相应栏目。

（2）按要求确定利润、税金的百分率，并填入 03 表的有关栏目。

（3）以定额直接费为基数计算施工技术装备费、计划利润和税金。

（4）合计各单位工程的直接费、间接费、利润和税金，得到各单位工程的建筑安装工程费，总计各单位工程的建安费，得到工程项目的建筑安装工程费。

10. 实物指标计算

根据各分项工程的工料机实物消耗量，考虑冬期、雨期和夜间施工增工百分率、辅助生产、临时用工及场外运输损耗率等统计实物消耗指标，可通过 02 表的计算完成。

（1）将 09 表和 10 表中的人工、材料、机械消耗量汇总编制辅助生产工、料、机单位数量表（12 表）。

（2）汇总 08 表中人工、主要材料、机械台班数量。

（3）计算各种增工数量。

（4）合计上面（1）、（2）、（3）项中的各项数据得出工程概预算的实物数量，即得到 02 表。

11. 计算其他有关费用

按规定计算第二、第三和第四部分费用及回收金额。

12. 编制总概预算表并进行造价分析

（1）编制总概预算表：将 03、05、06 表中的各项填入 01 表中相应栏目，并计算各项技术经济指标。

（2）造价分析：根据总金额、各单位工程或分项工程的费用比值和各项技术经济指标进行全面分析，对设计提出修改建议和从经济角度对设计是否合理予以评价，找出挖潜措施。

13. 编制综合概预算

根据建设项目要求，当分段或分部编制 01 表和 02 表时，需要汇总编制综合概预算。

（1）汇总各种概预算表，编制"总概（预）算汇总表"（01-1 表）。

（2）汇总各段的 02 表编制"全概（预）算人工、主要材料、机械台班数量汇总表"（02-1 表）。

14. 编制说明

概、预算表格计算并编制完成后，必须编制概、预算说明，主要说明概、预算编制依据，编制中存在的问题，工程总造价的货币和实物量指标及其他与概、预算有关但不能在表格中反映的事项。

15. 复核与审核

复核，就是指负责编制概预算的单位，在概预算编制完成或某些计算表业已计算好后，由本单位另外的具有公路工程造价执业资格的人员对所编制的工程造价内容及计算情况进行一次全面的检查核对，发现差错及时进行改正，提高概预算的准确性。审核是指概预算文件经编制和复核的环节后，提交给概预算主管部门人员进行检查核对，使工程概预算文件符合规定，合理可靠。

（1）复核的注意要点

① 计算的各项计价工程量是否符合工程概预算的要求，分部分项工程的划分是否符合规定，有无漏项和重复计列情况。

② 拟订的施工组织设计或施工方案是否合理可行，机械的选型配套是否能满足建设工程的技术要求，且经济合理和切合实际。

③ 人工、材料、机械台班预算价格所采用的计算依据、原则和方法，是否符合规定，计算过程有无错误。

④ 其他工程费、间接费综合费率中各项费率的取定是否符合中央和地方的有关规定，取定的综合费率是否正确。

⑤ 分项工程概（预）算表，按分部分项套用定额是否符合规定，计量单位或小数位置是否错误。定额规定可以抽换或可增计的系数和数量是否按规定执行，有无多计或少计情况。结合实际情况，对这些计算表要逐项进行必要的核算，以检查其计算是否有错误。

⑥ 对建设工程其他费用和设备、工具、器具购置费的计算，要核对各种计算依据是否符合规定，数量要有依据，防止高估冒算。

⑦ 凡根据施工组织设计或施工方案提供或凭经验确定的辅助工程的数量是否符合规定和符合建设工程的实际情况，对其计算环节均应进行必要的复核。

⑧ 补充定额的编制，是否先进合理可靠且符合定额的编制原则。

⑨ 总概预算表与相关的各种计算表的相应数据是否一致，散、总是否相符。

⑩ 编制说明的内容是否与采用的各种计算依据一致，有无与建设项目实际情况不符之处或遗漏内容等。

（2）审核的主要内容

① 总体施工部署是否合理可行，施工机械的选型配套是否经济合理。

② 根据设计图纸资料和施工组织设计或施工方案，对计算的各种分部分

项的计价工程量是否符合计价定额的规定与工程概预算编制办法的有关规定，选用定额是否正确，有无漏项或重列情况。

③ 审核取定的各种费率标准和采用的计算基数是否与国家有关规定或建设工程的实际情况，以及建设主管部门或委托单位的规定与要求相符。

④ 对编制的补充定额，要检查编制的依据、原则和方法是否符合规定，定额水平是否先进合理。

⑤ 检查工程概预算文件的各种计算表格是否符合规定、齐全，分部分项造价数据及总费用的汇总有无差错等。

⑥ 审阅编制说明内容、文字有无不当之处。

5.3 概预算文件编制注意事项

概预算编制中应注意的事项很多，下面只简要说明其中的几个主要方面。

（1）注意表格之间的内在联系，理清其交叉关系。

概预算表格是一个有机的整体，互相联系，相互补充，通过这些表格反映整个工程的资源消耗，因此应熟练掌握各表格之间的内在联系。各表之间的关系如图 5-2 所示。特别是其中的 07、08、09、10、11 五个表格，在编制时交叉进行，需要特别注意。如 10 表中出现的外购材料单价及 11 表中出现的动力燃料单价通过 09 表计算，但要注意其运料终点是"料场"还是"工地料库"等。09 表中出现的自办运输台班单价和 10 表中出现的机械台班单价通过 11 表计算。

（2）08 表的"工程名称"（即 01 表中"项"的名称）要按项目填列，应注意将费率相同的各"目"填列于一张表中，以便于小计。

（3）注意各取费费率适用范围的说明，如无路面的便道工程属于土方，有路面的便道工程属于路面等。

（4）使用定额时，一定要注意其小注和章、节说明等，如所有材料的运输及装卸定额中均未包括堆、码方工日等。

（5）编制中应注意公路工程概（预）算的工程费用中属非公路专业的工程，应执行有关专业部的直接费定额和相应的间接费定额。一般工业与民用建筑应执行所在地的地区统一直接费定额和相应的间接费定额，但其他费用应按公路工程其他费用项目划分及计算办法编制。

5.4 小结

本章介绍了概预算文件的组成，项目表的组成，概预算编制的步骤，概预算表格填写，以及编制概预算时应注意的事项。

习题

5-1 简述概预算文件的组成。

5-2　简述概预算项目表的主要内容。

5-3　03 表和 08 表的关系是什么？

5-4　02 表和 12 表的关系是什么？

5-5　01 表直接包括哪些表格的费用？

5-6　08 表编制的关键是什么？

5-7　简述概预算各个表格之间的关系。

5-8　简述编制概预算时应注意的事项。

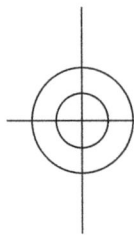

第6章 招标控制价与投标报价

本章知识点

【知 识 点】招标控制价的概念和编制程序；投标报价的构成和计算、报价策略与技巧。

【基本要求】了解招标控制价的编制方法，熟悉投标报价的构成和计算，了解报价策略与技巧。

【重　　点】投标报价的计算。

6.1 招标控制价

6.1.1 招标控制价的概念

公路工程的招标控制价是招标人根据国家或省级、行业建设主管部门颁发的有关计价依据和办法，按设计图纸计算的，对招标工程限定的最高工程造价，也可称其为拦标价、预算控制价或最高报价等。

6.1.2 招标控制价的作用

（1）招标控制价是预防某些投标人高价围标的有效手段，是对拟建公路工程投标报价的最高限定价。

（2）招标控制价是对施工图设计成果是否符合设计概算投资的有效检验，如果招标控制价突破设计概算，作为发包人，就要及时考虑追加投资或修改设计以适应发包人的投资能力。

（3）招标控制价的编制是施工图设计及招标文件等进一步完善的有效手段。招标控制价的编制依据是工程量清单和招标文件等，在招标控制价的编制组价过程中，很容易发现招标文件和工程量清单与施工图相互矛盾和不明确的地方，招标人需及时对这些文件加以修改和完善。

（4）符合市场规律，规范市场秩序。工程量清单招标遵循市场确定价格的原则，招标控制价的设立避免了建筑市场的无序竞争，起着引导报价、良性竞争的有利作用，有效规范了市场的秩序。

6.1.3 招标控制价编制依据、程序与要点

1. 招标控制价编制依据

（1）工程量清单计价规范；

（2）国家或省级、行业建设主管部门颁发的计价定额和计价办法；

（3）工程设计文件及相关资料；

（4）招标文件中的工程量清单及有关要求；

（5）与建设项目有关的标准规范、技术资料；

（6）工程造价管理机构发布的工程造价信息，没有发布工程造价信息的参照市场价；

（7）其他相关资料。

2. 招标控制价编制程序

招标控制价的编制一般包括编制准备、文件编制和形成成果文件三个阶段。

（1）编制准备阶段

① 收集与本项目招标控制价的编制依据。

② 熟悉工程图纸及有关设计文件。

③ 收集应采用的计价标准、费用指标、材料价格信息等情况。

④ 明确本项目招标控制价的编制要求和范围。

⑤ 熟悉拟订的招标文件及其补充通知、答疑纪要等。

⑥ 成立编制小组，就招标控制价编制的内容进行技术交底，做好编制前期的准备工作。

（2）文件编制阶段

① 按招标文件、相关计价规则进行分部分项工程工程量清单项目计价，并汇总分部分项工程费。

分部分项工程费用计价一般采用单价法。即依据招标工程量清单的分部分项工程项目、工程量、相关定额和取费标准，确定其综合单价，综合单价的内容应包括人工费、材料费、机械费、管理费和利润，以及一定范围的风险费用。

② 按招标文件、相关计价规则进行其他工程费项目计价，并汇总其他工程费。

其他工程费项目应分别采用单价法和费率法（或系数法），对于可计量部分的其他工程费应参照分部分项工程费用的计算方法采用单价法计价，对于以项计量或综合取定的其他工程费应采用费率法。采用费率法时应先确定某项费用的计费基数，再测定其费率，然后将计费基数与费率相乘得到费用。

③ 按招标文件、相关计价规则进行其他项目计价，并汇总其他项目费。其中：暂列金额应根据工程复杂程度、设计深度、工程环境条件（包括地质、水文、气候条件等）进行估算，一般可以用分部分项工程费的一定比例（如10％～15％）为参考。暂估价可以按照造价管理机构发布的工程造价信息或参考类似工程市场价格或市场询价进行估算。计日工中的人工单价、材料单价和施工机械台班单价按造价主管部门发布的单价计算，未发布的单价，结合类似工程价格信息和市场询价进行估算。

④ 按照国家或省级、行业建设主管部门的规定计算规费和税金。

⑤ 对工程造价进行汇总，初步确定招标控制价。

（3）形成成果文件阶段

对初步文件进行审核、审定，并签字盖章后形成正式成果文件。

3. 招标控制价的编制要点

(1) 收集和分析资料。在编制招标控制价前，首先应做好招标文件、图纸、工程量清单、补遗书和初步设计概算批复等资料收集工作，并对照做好相应概算的拆分工作，认真研究招标文件、图纸、工程量清单、补遗书等资料，合理确定取费标准、材料价格和施工方案。

(2) 编制人员要求。招标控制价应由具有编制能力的招标人编制，当招标人不具有编制招标控制价的能力时，可委托具有相应资质的工程造价咨询人编制。工程造价咨询人不得同时接受招标人和投标人对同一工程的招标控制价和投标报价进行编制。

(3) 与工程量清单保持一致。在招标控制价的编制过程中，应认真分析和理解招标文件中对投标人关于风险、调价、责任等的约定，分析和理解工程量清单编制依据以及清单项目划分和特征描述所体现的组价原则等。在计算过程中应严格按照特征描述所体现的组价原则计价，招标文件要求投标人考虑的各种因素包括风险费用，在招标控制价中也应体现，避免招标控制价与招标文件及工程量清单相脱节。

同时招标控制价的编制过程也是对工程量清单补充和完善的过程，编制中发现工程量清单中不清楚或不完善的内容，招标人要及时明确或做出补充说明，以保证工程量清单及招标控制价的完整性和准确性。

(4) 合理确定清单单价。招标控制价的编制是以工程量清单预算方式进行，编制人员要做好工程量清单预算基础数据模板，并相互校核，做到各标段的清单单价均衡，无特殊情况不应出现明显的不平衡单价；要认真校对各标段的工程量清单的数量和单位，确保准确无误。

(5) 合理确定各标段总价。做好各标段招标控制价上限之和与相应概算的比较分析，各标段招标控制价上限之和应控制在相应概算范围之内。当出现各标段招标控制价上限值和超出相应概算时，编制人员要分析超概原因，并及时向发包人反映。

(6) 完善编制说明。包括编制依据、工程类别、取费标准、材料价格来源、选用的施工方案等。例如挖土方工程，通常要求施工企业自行选择挖土方式、比例、运土费用及距离等，同时在编制招标控制价时也应有完整和清楚的说明。

(7) 认真完成编制意见书。编制意见书应包括组织情况、工程概况、编制依据、定价原则以及有关情况的说明等，编制人员必须在编制意见书上签名或盖章，最后附上编制好的招标控制价清单。

6.2　投标报价

6.2.1　投标报价的概念

投标报价是由投标单位根据招标文件、相关标准规范以及工程定额，并根据招标项目所在地区的自然、社会和经济条件及施工组织方案、投标单位的自身条件，计算完成招标工程所需各项费用的造价文件。

6.2.2　投标报价的构成和计算

投标报价由施工成本、利润和税金以及风险费组成。

1. 施工成本。包括直接成本（即工料机费及其他直接费）、间接成本（包括现场管理费、公司管理费等）等各项费用。

（1）人工费。用工数量根据工程量及定额来确定，人工单价根据企业核算的人工单价成本及调查所得人工市场单价来确定。

（2）材料费。材料用量根据工程量及定额来确定，材料单价根据市场价格加计运费、场外运输损耗费及采购保管费。

（3）机械使用费。机械使用数量根据工程量及定额来确定，机械台班单价采用企业成本核算所确定的机械台班单价。

（4）其他直接费。一般包括如下费用：

① 现场勘察费。业主移交现场后，应立即进行补充测量或者勘探，可根据工程场地面积估算。

② 现场清理费。包括清除树木、旧有建筑物等，可根据现场考察实际情况进行估算。

③ 进场临时道路费。如果需要时，应考虑其长度、宽度和其是否有小桥、涵洞及相应的排水设施等，并应考虑其经常维护费用。

④ 冬期施工增加费、雨期施工增加费、夜间施工增加费、高原地区施工增加费、行车干扰增加费、职工劳动保护和施工安全措施等费用。根据施工方案的安排，结合技术规范中的计量与支付内容规定进行估算。

⑤ 现场试验设施费。如标书中有具体规定，应按其要求计算，否则可按工程规模考虑简易的试验设施并计算其费用，如混凝土配料试块、试验等，而其他材料、成品的试验可送往附近的研究试验机构鉴定，考虑一笔试验费用即可。

⑥ 施工用水、电费。根据施工方案中计算的水电用量，结合现场考察调查，确定水电供应设施。例如水源地、储水设施、供水管网、外接电源或柴油发电站、供电线路等，并考虑水费、电费或发电的燃料动力费用。

⑦ 脚手架及小型工具费。根据施工方案，考虑脚手架的需用量并计算总费用。

⑧ 承包人临时设施费。按施工方案中计算的施工人员数量，计算临时住房、办公用房、仓库和其他临时建筑物等，并按简易标准计算费用，还应考虑生活营地的水、电、道路、电话、卫生设施等费用。

⑨ 现场保卫设施和安全费用，按施工方案中规定的围墙、警卫室和夜间照明等计算。

⑩ 职工交通费。根据生活营地远近和职工人数计算交通车辆和职工由住地到工地往返费用。

（5）现场管理费。根据施工项目现场管理费的成本核算结果来确定。现场管理费一般包括：

① 投标费用。包括投标文件购置费、投标人员差旅费和工资、外事活动费等。

② 保函手续费。包括投标保函、履约保函、预付款保函和维修保函等，可按估计各项保证金乘以银行保函年费率，再乘以各种保函有效期（以年计）计算即可。

③ 保险费。包括工程保险、第三方责任险、车辆保险等，至于施工人员的人身事故和医疗保险及强制性的社会福利保险费可计入事故人员的工资（工日基价内），材料设备运输过程中的保险计入材料设备基价内。

④ 管理人员费。从生产和辅助生产劳务数量按比例（国外工程一般用8%～10%），结合管理岗位计算管理人员数量，参照前面所述工日基价计算管理人员工资和费用。

⑤ 行政办公费。包括管理部门的文具、纸张、表册、邮电及办公室用家具、器具和日常使用低值易耗品，移交水电、空调、采暖等开支。

⑥ 生活设施费。如厨房设施、卫生设施、洗澡、环境清洁等设施费用。

⑦ 交通车辆使用费。办公人员的交通工具（如卧车、面包车等）的折旧、保险、维修和油料费用等。

⑧ 试验仪器设备使用费。包括购置、维修和摊销的有关费用。如未列工程量表，可计入现场管理费中。

⑨ 其他费用。如差旅交通费、工程保修费、职工探亲路费、工地转移费、竣工清理费等。

（6）企业管理费。包括企业管理人员工资、差旅交通费、办公费、固定资产折旧维修费、职工教育经费等费用，根据本企业公司管理费的收取比例来确定。

（7）流动资金贷款利息。根据招标文件中的预付款额、付款周期，按施工进度计划计算流动资金数量，根据流动资金贷款利率计算流动资金贷款利息。

（8）其他费用。在调查及以往成本核算资料的基础上计算确定。

2. 利润和税金

税金是由国家统一征收的费用，按有关税率计算确定。利润根据本项目的具体情况和公司的利润目标及投标策略来制定。

3. 风险费

根据合同条款应有承包人承担的各种风险费用。

6.2.3　投标报价文件的编制

按上节计算汇总项目的全部费用后，应按照工程量清单格式计算的要求，编制投标报价文件。从报价文件编制的角度出发，报价一般分为直接工程费、待摊费、分包费和暂列金额。

$$\text{报价} = \sum (\text{工程量清单子目单价} \times \text{子目工程量}) + \text{分包费} +$$

$$\text{暂定金额} + \text{计日工} \tag{6-1}$$

$$\text{工程量清单子目单价} = \text{子目直接工程费} \times \text{待摊费用系数} \tag{6-2}$$

1. 子目直接工程费的计算

直接工程费是施工过程中直接耗费的构成工程实体和有助于工程形成的工、料、机费用，是标价构成中的主要部分。直接工程费计算一般有三种方法，即定额单价分析法、工序单价分析法和总价控制法。

（1）定额单价分析法

定额单价分析法是我国投标人员常用的方法，它与编制工程概预算的方法大致相同，即按照招标文件的工程量清单所列工程子目，选用与工作内容相适应的工、料、机消耗定额，并分析实际的工、料、机单价，从而计算出各工程子目的直接工程费用。即根据定额计算的工程子目直接工程费。其优点是：计算方法比较规范，便于使用计算机。其缺点是：各工程子目的人工和机械台班消耗是分别计算的，对各工程子目之间的相互关系，人员和机械的合理调配问题没有考虑。

（2）工序单价分析法

工序单价分析法是根据施工进度计划和工程量，计算每道工序需要配置的机械数量，机械使用费按照该机械在本工序的利用率确定。

1）工、料、机单价分析

人工和材料单价的分析，与定额单价分析法相同。机械台班单价应考虑机械运转和闲置，分两种情况计算：

$$\text{机械闲置时台班单价} = \text{台班不变费用} \tag{6-3}$$

$$\text{机械运转时台班单价} = \text{台班不变费用} + \text{台班可变费用} \tag{6-4}$$

2）编制实施性施工计划

① 拟订初步施工方案和进度计划

先确定主要工程的大体起止时间，然后把每一分项工程作为一道工序作相应的安排。

② 以工序进度反算机械数量

以每道工序的主导机械控制进度，以其产量定额和该工序施工期限作为控制，反算所需机械数量，进行必要调配，并相应配备辅助机械。计算公式：

$$R_{ij} = \frac{Q_i}{T_i \times C_{ij} \times n} = \frac{Q_i \times S_{ij}}{T_i \times n} \tag{6-5}$$

其中，R_{ij} 为 i 工序 j 种机械的需要数量；Q_i 为 i 工序的工作量；C_{ij} 为 i 工序 j 种机械的产量定额；T_i 为 i 工序的有效施工天数；n 为作业班制；S_{ij} 为 i 工序 j 种机械的时间定额。

③ 以主导机械数量确定工序作业时间

$$T_i = \frac{Q_i}{R_i \times C_{ij} \times n} = \frac{Q_i \times S_{ij}}{R_i \times n} \tag{6-6}$$

3) 确定人工数量

根据工序作业时间和劳动定额计算该工序所需的人工数量。

4) 确定工序直接工程费

$$人工费 = 人工单价 \times 工序所需总工日 \tag{6-7}$$

$$材料费 = \sum_{1}^{n}(材料单价 \times 材料消耗数量) \tag{6-8}$$

$$机械使用费 = \sum_{j=1}^{m}(j \text{ 种机械的运转单价} \times 运转台班数 + \tag{6-9}$$

$$j \text{ 种机械的闲置单价} \times 闲置台班数)$$

其中，j 种机械运转台班数＝工序作业时间×j 种机械的配备数量×机械利用率；

j 种机械闲置台班数＝工序作业时间×j 种机械的配备数量×(1－机械利用率)。

$$工序直接工程费 = 人工费 + 材料费 + 机械使用费 \tag{6-10}$$

(3) 总价控制法

总价控制法就是按实际需要算出人工、材料和机械三项费用的总额。具体的分析步骤如下：

1) 根据施工组织方案划分专业队，按专业队工作范围配备人员和机械；

2) 确定各机械使用的起止时间，计算机械费（闲置费和运转费分别计算）；

3) 按进度计划确定人员总需求，并计算人工费；

4) 根据定额和工程量，计算材料费；

5) 汇总得到工程总直接工程费。

计算出总直接工程费后，就可以将其分摊到各分项中去。分摊有两种方法：①先按上述几个专业组分摊，然后逐步缩小，分摊到各分项子目；②利用当地已有报价，或掌握的市场价格，经适当调整后试分摊，把分摊后的差额再次调整，直至完全符合为止。在分摊费用时对于主要项目还可用定额单价分析法或工序分析法计算校核。

2. 待摊费的计算

待摊费是指本工程项目实际发生的，但在工程量清单里没有列项的费用，投标报价时需要分摊在相关的工程子目单价里。第 6.2.2 节所列的投标报价构成中除了人工费、材料费和机械使用费之外的所有其他费用都作为待摊费。

6.2.4　报价策略和技巧

投标报价是发包人选择中标单位的主要指标之一，也是发包人和中标单位签订承包合同和进行工程结算的依据。如果报价过高，投标单位会失去中标机会；投标报价过低，投标单位即使中标，也会给自己带来亏本风险。因此，施工企业应从宏观角度出发，利用报价策略及报价编制技巧，对报价进行优化，既能达到中标的目的，又能取得较好的经济效益。

1. 报价策略

报价策略是投标人在激烈竞争的环境下，为了企业的生存与发展而可能使用的对策。报价策略运用是否得当，对投标人能否中标并获得利润影响很大。

（1）以获得高利润为目的的报价策略

对一些技术含量高，施工难度大，工期要求紧，地质水文、气候条件较差的工程，往往竞争对手较少，企业凭借自己先进的施工技术和精良的机械装备以及难得的施工资质，可采用高报价策略，以期获得高利润。

（2）以获得微利为目的的报价策略

施工企业经营业务不饱满，需要多中项目。通过确定一个低而适度的报价，既提高中标的概率，又保证企业能获得微利。

（3）以保本为投标策略

施工企业为了开发新市场、开辟新领域，并想快速占据一定的位置，往往用最大限度低的报价进行投标。中标后在施工中充分发挥本企业专长，在质量、工期等方面争取获得奖励，取得业主的信任的同时，保证不亏本。

（4）亏本报价策略

当施工企业面临生存危机或者竞争对手较强，为了保住施工地盘或急于解决本企业人员窝工现象，可采用适度亏本的报价策略。一旦中标，应督促企业加强管理，精兵简政，优化组合，采取合理的施工方法，采用新工艺、降低消耗和成本来完成此项目，力争减少亏损或不亏损。

2. 报价技巧

（1）不平衡报价法

不平衡报价法是相对于通常的平衡报价及正常报价而言的。它是指不影响总报价水平的前提下，将某些项目的单价定得比正常水平低些，而将另一些项目的单价定得比正常水平高些，在保证报价的竞争力的前提下，能够尽早地取得支付款，增加流动资金，缩小投资风险，以期最终取得较好的经济效益。

通常采用的不平衡报价法主要有下列两种情况：

1）提高前期施工项目的单价，降低后期施工项目的单价

这种方法是投标人在投标报价时，将应按比例摊入各项目单价中的各种管理费用，如工程贷款利息、投标期间的开支费用等多摊一些到前期施工的项目单价中，少摊一些到后期施工项目的单价中。根据项目的实际情况，有时对清单项目单价直接进行调整。这样承包商可在工程的前期支付到更多的工程款，从而有利于资金的周转，有利于减少贷款利息支出。这种不平衡报价法，对于总价合同及单价合同都能适用。对于总价合同，可直接应用于单项工程报价；对于单价合同，则可应用于分部、分项工程报价。

在具体运用时应注意以下几点：

① 通过对施工工艺及施工方案进行深入、透彻地分析后，准确把握项目

施工的前后顺序。

② 应通过对招标文件清单工程量的复核，选择预计工程量不会产生重大变化的项目进行这种不平衡报价。因为如果前期施工项目在工程施工中由于业主或其他方面的原因而大幅度减少了工程量，后期施工项目的工程量大幅度增加时，则有可能使承包商达不到预期的收益，甚至造成亏损。

③ 用这种方法进行不平衡报价时，单价的调整幅度不宜过大，一般认为在 4%～8%左右较为适宜。即前期施工项目的单价的提价幅度一般只能在 4%～8%左右；相应地，后期施工项目的单价的降价幅度也应在 4%～8%左右。因为调整幅度过大，与正常价格水平偏离过多，容易被招标人发现而被视为"不合理报价"，从而降低中标机会甚至有可能被当作废标处理。

2）按工程量变化趋势调整单价

这种不平衡报价法适用于单价合同，这种合同形式的招标文件中都列有较详细的工程量清单，而工程款则是按实际完成的工程量计算。由于工程设计深度或设计单位等方面的原因，招标文件中所附的工程量清单的精度往往不是很高。投标人若通过清单工程量复核发现有分部、分项工程的预计工程量出现了过多或过少的情况时，就可以按工程量变化趋势调整单价：对那些招标文件的工程量清单中工程量偏小，在工程实施过程中工程量预计增加的项目适当提高其单价；而对那些招标文件的工程量清单中工程量偏大，在工程实施过程中工程量预计减小的项目，则适当降低其单价。这样经过调整后，投标总报价维持不变，但在之后的工程施工中，承包商将会得到更多的工程支付款，即承包商的竣工结算金额将超过清单总价，这样就获得了更多的利润。

在具体运用时应注意以下两点：

① 应通过工程量复核，在对工程量变化趋势确有把握时，才能使用这种不平衡报价法；

② 用这种方法进行不平衡报价的项目的单价的调整幅度也不宜过大，一般应在±10%以内。即对预计在工程实施过程中，工程量将增加的项目的单价的提价幅度应在10%以内；同样的，对预计在工程实施过程中，工程量将减少的项目的单价的降价幅度也应在10%以内。

（2）增加建议方案法

有时招标文件中规定，可以提出建议方案，即可以修改原设计方案，提出投标人的方案。这时投标人应组织一批有经验的设计和施工方面的工程师，对原招标文件的设计和施工方案进行仔细研究，提出更合理的设计方案以吸引招标人，促成自己的建议方案中标。这种新的建议方案要可以降低总造价或提前竣工或使工程设计更合理。但是要注意，对原招标方案一定要报价，以供招标人比较。增加建议方案时，不要将方案写得太具体，保留方案的技术关键，防止招标人将此方案交给其他承包商。同时要强调的是，建议方案一定要比较成熟，或过去有这方面的实践经验。因为投标时间不长，如果仅为中标而匆忙提出一些没有把握的建议方案，可能会引起后患。

（3）突然降价法

投标过程中，各投标人之间往往通过各种渠道、各种手段相互刺探对方标价。具体操作中可以先按一般水平编制投标报价，采取措施故意泄露自己编制报价的一些情况，同时考虑好最终降价的幅度，投标截止时间以前突然降价，令竞争对手猝不及防，以提高标价的竞争力。

（4）优惠条件取胜法

投标时主动提出提高质量、缩短工期、优化支付条件、免费培训或转让新技术和新工艺等优惠措施，取得招标人的认可，有利于中标。

6.3 小结

本章介绍了招标控制价的概念、编制依据、程序与要点；分析了报价的构成和计算；列举了各种投标报价策略与技巧。

习题

6-1 什么是招标控制价？其作用是什么？

6-2 招标控制价的编制依据有哪些？编制要点有哪些？

6-3 简述招标控制价编制的工作程序。

6-4 简述投标报价的组成。

6-5 报价中直接工程费的计算方法有哪些？

6-6 简述常见投标策略及适用情形。

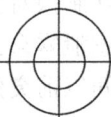

预算编制实例

项目概况：

1. 路线测设依据及主要技术指标

X-D公路位于湖南省境内，其测设主要依据交通部现行的"公路工程技术标准"并参照施工图设计文件进行，其路线主要技术指标如下：二级公路7.4km，计算行车速度为80km/h，路基宽度为12m，路面宽度为8m。

2. 路面设计方案

路面结构为：面层为5cm厚中粒式沥青混凝土，6cm厚粗粒式沥青混凝土，8cm厚粗粒式沥青碎石；基层为15cm厚6％水泥稳定碎石上基层，20cm厚4％水泥稳定碎石下基层；垫层为20cm厚的天然砂粒。

3. 劳动力及材料供应情况

该项目经过工程招标，由公路工程专业施工队伍承包施工，施工单位的工地转移距离按70km计算，主副食运费补贴按3km计算。人工单价（含机械工）为57.59元/工日。外购材料均由县城供应，运距为24km，砂石等地材由施工单位自采并运至工地，汽车运输的基本运价为0.8元/t·km，装卸等杂费为10元/t。

4. 各项费率的取费标准按照湖南省有关规定执行。

5. 路面工程数量见附表1。

路面工程数量表　　　　　　　　　　　　　　　　　附表1

序号	工程细目	规格名称	单位	数量	备注
1	上面层	中粒式沥青混凝土	m²	59400	5cm厚
2	中面层	粗粒式沥青混凝土	m²	59400	6cm厚
3	下面层	粗粒式沥青碎石	m²	59400	8cm厚
4	上基层	6％水泥稳定碎石	m²	62893	15cm厚
5	下基层	4％水泥稳定碎石	m²	66564	20cm厚
6	垫层	天然砂粒	m²	68720	20cm厚
7	挖路槽		m²	16568	64cm厚
8	培路肩		m²	5508	52cm厚

6. 路面基层和面层都采用集中拌合施工，基层和路面拌合站建于路线K3+000的左右两侧，距公路约为1.5km，需要修建临时便道，临时便道路面采用厚6cm粗粒式沥青碎石。路面施工工期为6个月。

根据上述已知条件，编制路面工程施工图预算的建筑安装工程费，具体结果见后附01、02、03、04、07、08-1表。

总预算表

建设项目名称：X-D 二级公路
编制范围：K0+000—K7+400

项	目	节	细目	工程或费用名称	单位	数量	预算金额（元）	技术经济指标	各项费用比例（%）	备注
一				第一部分　建筑安装工程费	公路公里	7.400	23,239,123	3,140,422.03	100.00	
	10			临时工程	公路公里	7.400	1,972,165	266,508.78	8.49	
		10		临时道路	km	3.000	1,356,958	452,319.33	5.84	
			10	临时道路	km	3.000	1,356,958	452,319.33	5.84	
				临时便道的修建与维护	km	3.000	1,356,958	452,319.33	5.84	
		40		临时电力线路	km	3.000	590,491	196,830.33	2.54	
		50		临时电信线路	km	3.000	24,716	8,238.67	0.11	
二				路面工程	km	59400.000	21,266,958	358.03	91.51	
	4			基层拌合站建设	座	1.000	1,490,658	1,490,658.00	6.41	
	8			面层拌合站建设	座	1.000	1,164,712	1,164,712.00	5.01	
	10			路面垫层	m²	68720.000	1,159,202	16.87	4.99	
		20		砂砾垫层	m²	68720.000	1,159,202	16.87	4.99	
	20			路面底基层	m²	66564.000	3,099,213	46.56	13.34	
		20		水泥稳定类底基层	m²	66564.000	3,099,213	46.56	13.34	
	30			路面基层	m²	62893.000	2,442,658	38.84	10.51	
		20		水泥稳定类基层	m²	62893.000	2,442,658	38.84	10.51	
	40			透层、黏层、封层	m²	62893.000	594,698	9.46	2.56	
		10		透层、黏层	m²	62893.000	400,936	6.37	1.73	
		20		黏层	m²	62893.000	193,762	3.08	0.83	
	50			沥青混凝土面层	m²	59400.000	10,958,599	184.49	47.16	
		10		粗粒式沥青混凝土面层	m²	59400.000	3,649,925	61.45	15.71	
		20		中粒式沥青混凝土面层	m²	59400.000	3,169,576	53.36	13.64	
		60		粗粒式沥青碎石	m²	59400.000	4,139,098	69.68	17.81	
	80			路缘、路肩及中央分隔带	km	7.400	357,218	48,272.70	1.54	

编制：　　　　　　　　　　　　　　　　　　　　复核：

总 预 算 表

建设项目名称：X-D 二级公路
编制范围：K0+000—K7+400

项目	节	细目	工程或费用名称	单位	数量	预算金额（元）	技术经济指标	各项费用比例（%）	备注
	10		挖路槽	m²	16568.000	291,911	17.62	1.26	
	20		培路肩	m²	5508.000	65,307	11.86	0.28	
			第二部分 设备及工具、器具购置费	公路公里	7.400				
			第三部分 工程建设其他费用	公路公里	7.400				
			第一、二、三部分 费用合计	公路公里	7.400	23,239,123	3,140,422.03	100.00	23239123+0+0
			概（预）算总金额	元	1.000	23,239,123	23,239,123.00	100.00	23239123+0+0
			公路基本造价	公路公里	7.400	23,239,123	3,140,422.03	100.00	23239123−0

编制：　　复核：

人工、主要材料、机械台班数量汇总表

建设项目名称：X-D 二级公路
编制范围：K0+000—K7+400

序号	规格名称	单位	代号	总数量	分项统计				场外运输损耗	
					临时工程	路面工程	辅助生产	其他	%	数量
1	人工	工日	1	43345.406	1268.008	15607.077	26057.98	412.35		
2	机械工	工日	2	6909.151	185.548	2225.801				
3	原木	m³	101	46.318	45.863		0.45			
4	锯材	m³	102	0.785	0.330	0.455				
5	光圆钢筋	t	111	0.026		0.026				
6	型钢	t	182	0.971	0.540	0.431				
7	钢板	t	183	0.200	0.200					
8	组合钢模板	t	272	0.162		0.162				
9	铁件	kg	651	515.190	357.000	149.100	9.09			
10	8～12号铁丝	kg	655	373.100	373.100					
11	橡皮线	m	713	9450.000	9450.000					
12	皮线	m	714	3200.000	3200.000					
13	32.5级水泥	t	832	3226.121		3194.179			1.00	31.94
14	石油沥青	t	851	1199.692	89.773	1109.919				
15	乳化沥青	t	853	104.170	16.686	87.484				
16	重油	kg	861	164004.445	14075.804	149928.641				
17	汽油	kg	862	2597.399	212.694	2384.708				
18	柴油	kg	863	163253.158	4771.279	72595.885				
19	煤	kg	864	0.133	0.132	0.132				
20	电	kW·h	865	264472.488	7288.925	101782.432			1.00	
21	水	m³	866	5517.617	336.000	5181.617				
22	砂	m³	897	3292.132	184.604	3027.232			2.50	80.30

编制：　　　　　　　　　　　　　　　　　　　　　　　　　　　　　　复核：

人工、主要材料、机械台班数量汇总表

建设项目名称：X-D 二级公路
编制范围：K0+000—K7+400

序号	规格名称	单位	代号	总数量	分项统计				场外运输损耗	
					临时工程	路面工程	辅助生产	其他	%	数量
23	中（粗）砂	m³	899	1514.946		1477.996			2.50	36.95
24	砂砾	m³	902	22950.836		22723.600			1.00	227.24
25	天然级配	m³	908	3616.002	3580.200				1.00	35.80
26	片石	m³	931	1261.400		1261.400				
27	矿粉	t	949	1024.458	56.014	938.606			3.00	29.84
28	碎石（4cm）	m³	952	1280.894		1268.212			1.00	12.68
29	碎石	m³	958	33805.770		33471.059			1.00	334.71
30	石屑	m³	961	2263.476	187.034	2054.031			1.00	22.41
31	路面用碎石（1.5cm）	m³	965	3675.625	318.298	3320.935			1.00	36.39
32	路面用碎石（2.5cm）	m³	966	4295.253	304.128	3948.597			1.00	42.53
33	路面用碎石（3.5cm）	m³	967	5220.722	647.503	4521.528			1.00	51.69
34	块石	m³	981	909.320		909.320				
35	其他材料费	元	996	7771.267	2921.736	4523.817	325.71			
36	设备摊销费	元	997	100574.612	46121.892	54452.720				
37	75kW 以内履带式推土机	台班	1003	31.260	31.260					
38	105kW 以内履带式推土机	台班	1005	186.642		25.600	161.04			
39	0.6m³ 履带式单斗挖掘机	台班	1027	18.330		18.330				
40	1.0m³ 轮胎式装载机	台班	1048	220.347			220.35			
41	2.0m³ 轮胎式装载机	台班	1050	248.934	7.344	78.254	163.34			
42	3.0m³ 轮胎式装载机	台班	1051	72.124		72.124				
43	120kW 以内平地机	台班	1057	43.183		43.183				
44	150kW 以内平地机	台班	1058	19.497		19.497				

编制：　　　　　　　　　　　　　　　　　　复核：

人工、主要材料、机械台班数量汇总表

建设项目名称：X-D 二级公路
编制范围：K0+000—K7+400

序号	规格名称	单位	代号	总数量	分项统计				场外运输损耗	
					临时工程	路面工程	辅助生产	其他	%	数量
45	6～8t 光轮压路机	台班	1075	144.744	13.274	131.470				
46	8～10t 光轮压路机	台班	1076	26.190	6.990	19.200				
47	12～15t 光轮压路机	台班	1078	287.539	24.311	263.228				
48	0.6t 手扶式振动碾	台班	1083	83.597	16.950	66.647				
49	300t/h 以内稳定土厂拌设备	台班	1160	37.726		37.726				
50	4000L 以内沥青洒布车	台班	1193	8.178	1.260	6.918				
51	120t/h 以内沥青拌合设备	台班	1204	45.679	3.920	41.758				
52	6.0m 以内带自动找平沥青混合料摊铺机	台班	1212	49.231	4.212	45.019				
53	9～16t 以内轮胎式压路机	台班	1223	21.812	4.039	17.772				
54	16～20t 以内轮胎式压路机	台班	1224	17.832		17.832				
55	20～25t 以内轮胎式压路机	台班	1225	7.609		7.609				
56	电动混凝土真空吸水机组	台班	1239	22.968		22.968				
57	电动混凝土切缝机	台班	1245	22.176		22.176				
58	250L 以内强制式混凝土搅拌机	台班	1272	56.648		56.648				
59	5t 以内自卸汽车	台班	1383	47.440	4.072	43.368				
60	15t 以内自卸汽车	台班	1388	1003.678	8.629	340.641	654.41			
61	15t 平板拖车组	台班	1392	8.260	8.260					
62	20t 平板拖车组	台班	1393	7.740		7.740				
63	4000L 以内洒水汽车	台班	1404	9.504		9.504				
64	6000L 以内洒水汽车	台班	1405	75.866		75.866				
65	12t 以内汽车式起重机	台班	1451	3.520		3.520				
66	20t 以内汽车式起重机	台班	1453	16.380		16.380				

编制：　　　　　　　　　　　　　　　　　　　　　　　　　　　　　　　　　复核：

人工、主要材料、机械台班数量汇总表

建设项目名称：X-D 二级公路
编制范围：K0+000—K7+400

第 4 页 共 4 页 02 表

序号	规格名称	单位	代号	总数量	分项统计					场外运输损耗	
					临时工程	路面工程	辅助生产	其他		%	数量
67	40t 以内汽车式起重机	台班	1456	28.170		28.170					
68	75t 以内汽车式起重机	台班	1458	11.790		11.790					
69	小型机具使用费	元	1998	28626.487		3021.020	25605.47				

编制：　　　　　　　　　　　　　　　　　　　　　　　　　　　　　　　复核：

建筑安装工程费计算表

建设项目名称：X-D 二级公路
编制范围：K0+000—K7+400

序号	工程名称	单位	工程量	直接费（元）						间接费（元）	利润（元）费率7%	税金（元）综合税率3.41%	建筑安装工程费	
				直接工程费				其他工程费	合计				合计（元）	单价（元）
				人工费	材料费	机械使用费	合计							
1	2	3	4	5	6	7	8	9	10	11	12	13	14	15
1	临时便道的修建与维护	km	3.000	55552	872025	188600	1116177	56369	1172546	55240	84125	44747	1356958	452319.33
2	临时电力线路	km	3.000	14916	458425		473341	28381	501722	32323	36975	19471	590491	196830.33
3	临时电信线路	km	3.000	2557	16623		19180	1150	20330	2073	1498	815	24716	8238.67
4	基层拌合站建设	座	1.000	304912	665367	120477	1090756	80866	1171622	183377	86504	49155	1490658	1490658.00
5	面层拌合站建设	座	1.000	261685	453697	95155	810537	72628	883165	176152	66990	38405	1164712	1164712.00
6	砂砾垫层	m²	68720.000	3562	885993	70691	960246	47206	1007452	40281	73244	38225	1159202	16.87
7	水泥稳定类底基层	m²	66564.000	32584	2227967	304034	2564585	122878	2687463	114319	195233	102198	3099213	46.56
8	水泥稳定类基层	m²	62893.000	26803	1753102	240608	2020513	97062	2117575	90690	153845	80548	2442658	38.84
9	透层	m²	62893.000	1087	326367	4717	332171	16330	348501	13877	25337	13221	400936	6.37
10	黏层	m²	62893.000		159407	1300	160707	7900	168607	6508	12258	6389	193762	3.08
11	粗粒式沥青混凝土面层	m²	59400.000	18041	2526066	513775	3057882	155945	3213827	85295	230445	120358	3649925	61.45
12	中粒式沥青混凝土面层	m²	59400.000	15086	2213782	426732	2655600	135471	2791071	73854	200132	104519	3169576	53.36
13	粗粒式沥青碎石	m²	59400.000	23290	2783637	660075	3467002	176576	3643578	97775	261257	136488	4139098	69.68
14	挖路槽	m²	16568.000	177186	5504		182690	8981	191671	76679	13935	9626	291911	17.62
15	培路肩	m²	5508.000	34575	7995		42570	2093	44663	15243	3247	2154	65307	11.86
	各项费用合计			971836	15342458	2639663	18953957	1009836	19963793	1063686	1445325	766319	23239123	3140422

编制： 复核：

93

其他工程费及间接费综合费率计算表

建设项目名称：X-D二级公路
编制范围：K0+000—K7+400

第1页 共1页 04表

序号	工程类别	其他工程费费率（%）											综合费率		间接费费率（%）							企业管理费				
		冬期施工增加费	雨期施工增加费	夜间施工增加费	高原地区施工增加费	风沙地区施工增加费	沿海地区工程施工增加费	行车干扰工程施工增加费	施工标准化与安全施工措施费	临时设施费	施工辅助费	工地转移费	Ⅰ	Ⅱ	规费					综合费率	基本费用	主副食运费补贴	职工探亲路费	职工取暖补贴	财务费用	综合费率
															养老保险费	失业保险费	医疗保险费	住房公积金	工伤保险费							
1	2	3	4	5	6	7	8	9	10	11	12	13	14	15	16	17	18	19	20	21	22	23	24	25	26	27
1	人工土方		0.310						0.700	1.730	0.890	0.174	3.804		20.000	2.000	7.200	9.000	0.900	39.100	3.360	0.250	0.100		0.230	3.940
2	机械土方		0.320						0.700	1.560	0.490	0.568	3.638		20.000	2.000	7.200	9.000	0.900	39.100	3.260	0.190	0.220		0.210	3.880
3	汽车运输		0.320						0.250	1.010	0.160	0.346	2.086		20.000	2.000	7.200	9.000	0.900	39.100	1.440	0.200	0.140		0.210	1.990
4	人工石方		0.230						0.700	1.760	0.850	0.184	3.724		20.000	2.000	7.200	9.000	0.900	39.100	3.450	0.190	0.100		0.220	3.960
5	机械石方		0.290						0.700	2.170	0.460	0.388	4.008		20.000	2.000	7.200	9.000	0.900	39.100	3.280	0.180	0.100		0.220	3.880
6	高级路面	0.060	0.290						1.180	2.110	0.800	0.698	5.138		20.000	2.000	7.200	9.000	0.900	39.100	1.910	0.120	0.140		0.270	2.440
7	其他构造物Ⅰ	0.060	0.280						1.200	2.060	0.740	0.636	4.916		20.000	2.000	7.200	9.000	0.900	39.100	3.280	0.120	0.160		0.300	3.860
8	构造物Ⅰ	0.060	0.230						0.850	2.920	1.300	0.636	5.996		20.000	2.000	7.200	9.000	0.900	39.100	4.440	0.180	0.290		0.370	5.280
9	构造物Ⅱ	0.080	0.250	0.350					0.920	3.450	1.560	0.752	7.362		20.000	2.000	7.200	9.000	0.900	39.100	5.530	0.200	0.340		0.400	6.470
10	构造物Ⅲ	0.150	0.520	0.700					1.850	6.390	3.030	1.494	14.134		20.000	2.000	7.200	9.000	0.900	39.100	9.790	0.360	0.550		0.820	11.520
11	技术复杂大桥	0.080	0.290	0.350					1.010	3.210	1.680	0.854	7.474		20.000	2.000	7.200	9.000	0.900	39.100	4.720	0.160	0.200		0.460	5.540
12	隧道								0.860	2.830	1.230	0.596	5.516		20.000	2.000	7.200	9.000	0.900	39.100	4.220	0.160	0.270		0.390	5.040
13	钢材料及钢结构			0.350					0.630	2.730	0.560	0.820	5.090		20.000	2.000	7.200	9.000	0.900	39.100	2.420	0.160	0.160		0.480	3.220
14	设备安装工程	0.150							0.925	6.390	3.030	1.494	11.989		20.000	2.000	7.200	9.000	0.900	39.100	9.790	0.360	0.550		0.820	11.520
15	金属标志牌安装								0.630	2.730	0.560	0.820	4.740		20.000	2.000	7.200	9.000	0.900	39.100	2.420	0.160	0.160		0.480	3.220
16	费率为0																									

编制：　　　　　　　　　　　　　　　　　　　　　　　　　　　　　复核：

人工、材料、机械台班单价汇总表

建设项目名称：X-D 二级公路
编制范围：K0+000—K7+400

序号	名称	单位	代号	预算单价（元）	备注	序号	名称	单位	代号	预算单价（元）	备注
1	人工	工日	1	57.59		25	煤	t	864	920.54	
2	机械工	工日	2	57.59		26	电	kW·h	865	2.80	
3	原木	m³	101	1772.43		27	水	m³	866	4.61	
4	锯材	m³	102	2182.43		28	砂	m³	897	37.99	
5	光圆钢筋	t	111	4744.93		29	中（粗）砂	m³	899	102.00	
6	型钢	t	182	5001.18		30	砂砾	m³	902	50.56	
7	钢板	t	183	5052.43		31	天然级配	m³	908	40.34	
8	钢钎	kg	211	5.62		32	片石	m³	931	63.26	
9	空心钢钎	kg	212	7.00		33	矿粉	t	949	252.54	
10	Φ50mm以内合金钻头	个	213	27.21		34	碎石（4cm）	m³	952	98.10	
11	组合钢模板	t	272	5887.49		35	碎石	m³	958	84.01	
12	铁件	kg	651	12.33		36	石屑	m³	961	49.24	
13	8~12号铁丝	kg	655	13.35		37	路面用碎石（1.5cm）	m³	965	112.91	
14	橡皮线	m	713	28.71		38	路面用碎石（2.5cm）	m³	966	99.82	
15	皮线	m	714	19.48		39	路面用碎石（3.5cm）	m³	967	98.10	
16	32.5级水泥	t	832	470.67		40	块石	m³	981	118.88	
17	硝铵炸药	kg	841	6.00		41	开采片石	m³	8931	34.00	
18	导火线	m	842	0.80		42	其他材料费	元	996	1.00	
19	普通雷管	个	845	0.70		43	设备摊销费	元	997	1.00	
20	石油沥青	t	851	5257.43		44	75kW以内履带式推土机	台班	1003	811.07	
21	乳化沥青	t	853	5462.43		45	105kW以内履带式推土机	台班	1005	1073.05	
22	重油	kg	861	5.64		46	0.6m³履带式单斗挖掘机	台班	1027	639.16	
23	汽油	kg	862	8.10		47	1.0m³轮胎式装载机	台班	1048	574.85	
24	柴油	kg	863	8.20		48	2.0m³轮胎式装载机	台班	1050	1023.96	

编制：　　　　　　　　　　　　复核：

人工、材料、机械台班单价汇总表

建设项目名称：X-D 二级公路
编制范围：K0+000—K7+400

序号	名称	单位	代号	预算单价（元）	备注
49	3.0m³ 轮胎式装载机	台班	1051	1306.55	
50	120kW 以内平地机	台班	1057	1202.43	
51	150kW 以内平地机	台班	1058	1430.18	
52	6～8t 光轮压路机	台班	1075	323.67	
53	8～10t 光轮压路机	台班	1076	365.33	
54	12～15t 光轮压路机	台班	1078	553.68	
55	0.6t 手扶式振动碾	台班	1083	119.96	
56	300t/h 以内稳定土厂拌设备	台班	1160	2196.77	
57	4000L 以内沥青洒布车	台班	1193	516.64	
58	120t/h 以内沥青拌合设备	台班	1204	28645.27	
59	6.0m 以内带自动找平沥青混合料摊铺机	台班	1212	1857.84	
60	9～16t 以内轮胎式压路机	台班	1223	645.86	
61	16～20t 以内轮胎式压路机	台班	1224	766.61	
62	20～25t 以内轮胎式压路机	台班	1225	934.62	
63	电动混凝土真空吸水机组	台班	1239	125.20	
64	电动混凝土切缝机	台班	1245	195.27	
65	250L 以内强制式混凝土搅拌机	台班	1272	223.84	
66	5t 以内自卸汽车	台班	1383	500.20	
67	15t 以内自卸汽车	台班	1388	922.47	
68	15t 平板拖车组	台班	1392	696.35	
69	20t 平板拖车组	台班	1393	889.44	
70	4000L 以内洒水汽车	台班	1404	570.39	
71	6000L 以内洒水汽车	台班	1405	665.90	
72	12t 以内汽车式起重机	台班	1451	877.60	
73	20t 以内汽车式起重机	台班	1453	1257.44	
74	40t 以内汽车式起重机	台班	1456	2305.78	
75	75t 以内汽车式起重机	台班	1458	3377.94	
76	10m×0.5m 皮带运输机	台班	1531	157.09	
77	Φ150×250mm 电动鄂式破碎机	台班	1756	203.59	
78	Φ250×400mm 电动鄂式破碎机	台班	1757	349.51	
79	生产率 8～20m³/h 滚筒式筛分机	台班	1775	225.35	
80	9m³/min 以内机动空压机	台班	1842	755.44	
81	小型机具使用费	元	1998	1.00	

编制：　　　　　　　　　　　　　　　　　　复核：

建筑安装工程费计算数据表

建设项目名称：X—D二级公路　　　　　编制范围：K0+000—K7+400　　　　数据文件编号：　　　　　公路等级：二级公路

路线或桥梁长度（km）：7.400　　　　路基或桥梁宽度（m）：12.000　　　　　　　　　　　　　　　　　第1页　共3页　08-1表

项目代号	本项目节数	目的代号	本节细目数	细目代号	费率编号	定额个数	定额代号	项或目节或细目定额的名称	单位	数量	定额调整情况
一	3							临时工程	公路公里	7.400	
		10						临时道路	km	3.000	
			1					临时道路	km	3.000	
				10		6		临时道路的修建与维护	km	3.000	
					7		7-1-1-1	汽车便道平微区路基宽7m	1km	3.000	
					7		7-1-1-5	汽车便道砂砾路面宽6m	1km	3.000	
					6		2-2-10-9	粗粒式沥青碎石拌和（120t/h内）	1000m³	1.080	
					3		2-2-13-21	混合料运输15t内1km	1000m³	1.080	
					6		2-2-14-15	机铺沥青粗粒式120t/h内	1000m³	1.080	
					7		2-2-16-4	乳化沥青刚性基层透层	1000m²	18.000	
		40				2		临时电力线路	km	3.000	
					8		7-1-5-2	干线三线橡皮线输电线路	100m	30.000	
					8		7-1-5-3	支线输电线路	100m	10.000	
		50				1		临时电信线路	km	3.000	
					8		7-1-5-4	双线通信线路	1000m	3.000	
三	8					7		路面工程	km	59400.000	
	4				8			基层拌合台站建设	座	1.000	
					8		4-11-1-3	推土机平整场地	1000m²	20.000	
					8		4-11-1-2	场地需碾压	1000m²	20.000	
					8		4-11-5-1	填砂砾（砂）垫层	10m³	200.000	
					6		2-2-17-1	人工铺筑混凝土厚20cm	1000m²	6.000	
					1		1-1-6-2	人工挖沟普通土20m	1000m³	1.280	
					8		1-2-3-1	浆砌片石边沟排水沟截水沟	10m³	20.800	

编制：　　　　　　　　　　　　　　　　　　复核：

建筑安装工程费计算数据表

建设项目名称：X－D 二级公路　　　　编制范围：K0+000～K7+400　　　数据文件编号：　　　　　公路等级：二级公路

路线或桥梁长度（km）：7.400　　　　路基或桥梁宽度（m）：12.000　　　　　　　　　　　　　　　　第 2 页 共 3 页 08-1 表

项的代号	本项目数	目的代号	本节节数	节的代号	本节细目数	细目代号	费率编号	定额个数	定额代号	项目或节目或细目或定额的名称	单位	数量	定额调整情况
	8						10		2-1-10-4	厂拌设备安拆（300t/h内）	座	1.000	
								7		面层拌合站建设	座	1.000	
							8		4-11-1-3	推土机平整场地	1000m²	20.000	
							8		4-11-1-2	场地需碾压	1000m²	20.000	
							8		4-11-5-1	填砂砾（砂）垫层	10m³	200.000	
							6		2-2-17-1	人工铺筑混凝土厚20cm	1000m²	0.600	
							1		1-1-6-2	人工挖运普通土20m	1000m³	1.560	
							8		1-2-3-1	浆砌片石边沟沟-排水沟-截水沟	10m³	22.800	
							14		2-2-15-3	混合料拌合设备安拆（120t/h内）	座	1.000	
		10	1							路面垫层	m²	68720.000	
					20					砂砾垫层	m²	68720.000	
							7		2-1-12 改	机械铺砂砾垫层厚20cm	1000m²	68.720	+17×5
		20	1							路面底基层	m²	66564.000	
					20					水泥稳定类底基层	m²	66564.000	
							7		2-1-7-5 改	厂拌水泥碎石4：96厚度20cm	1000m²	66.564	+6×5、4：96
							3		2-1-8-21 改	稳定土运输15t内3.5km	1000m³	13.313	+22×5
							7		2-1-9-4	平地机铺筑基层（120kW 内）	1000m²	66.564	
		30	1							路面基层	m²	62893.000	
					20					水泥稳定类基层	m²	62893.000	
							7		2-1-7-5 改	厂拌水泥碎石6：94厚度15cm	1000m²	62.893	6：94
							3		2-1-8-21 改	稳定土运输15t内3.5km	1000m³	9.434	+22×5
							7		2-1-9-5	平地机铺筑基层（150kW 内）	1000m²	62.893	
	40		2							透层、黏层、封层	m²	62893.000	

编制：　　　　　　　　　　　　　　　　　　　　　　　　　　　　　　　　　　　复核：

建设项目名称：X—D二级公路　　　　编制范围：K0+000—K7+400　　　　数据文件编号：　　　　公路等级：二级公路

路线或桥梁长度（km）：7.400　　　路基或桥梁宽度（m）：12.000

项目代号	本项目节数	目的代号	本目节数	节的代号	本节细目数	细目代号	费率编号	定额个数	定额代号	项目或节目或细目或定额的名称	单位	数量	定额调整情况
				10						透层	m²	62893.000	
							7	1	2-2-16-4	乳化沥青半刚性基层透层	1000m²	62.893	
				20						黏层	m²	62893.000	
							7		2-2-16-6	乳化沥青沥青层黏层	1000m²	62.893	
		50	3	10						沥青混凝土面层	m²	59400.000	
								3		粗粒式沥青混凝土面层	m²	59400.000	
							6		2-2-11-3	粗粒式沥青混凝土拌合（120t/h内）	1000m³	3.564	
							3		2-2-13-21改	混合料运输15t内3.5km	1000m³	3.564	+22×5
							6		2-2-14-38	机铺沥青混凝土粗粒式120t/h内	1000m³	3.564	
				20				3		中粒式沥青混凝土面层	m²	59400.000	
							6		2-2-11-9	中粒式沥青混凝土拌合（120t/h内）	1000m³	2.970	
							3		2-2-13-21改	混合料运输15t内3.5km	1000m³	2.970	+22×5
							6		2-2-14-39	机铺沥青混凝土中粒式120t/h内	1000m³	2.970	
				60				3		粗粒式沥青碎石	m²	59400.000	
							6		2-2-10-9	粗粒沥青碎石拌合（120t/h内）	1000m³	4.752	
							3		2-2-13-21改	混合料运输15t内3.5km	1000m³	4.752	+22×5
							6		2-2-14-15	机铺沥青碎石粗粒式120t/h内	1000m³	4.752	
		80	2							路肩、路床及中央分隔带	km	7.400	
				10				1		挖路槽	m²	16568.000	
							7		2-3-3-1改	挖路槽深64cm 土质	1000m²	16.568	+3×44
				20				1		培路肩	m²	5508.000	
							7		2-3-3-5改	培路肩厚度52cm	1000m²	5.508	+6×32

编制：　　　　　　　　　　　　　　　　　　　　　　　　　　　　　　复核：

99

概预算表格样式

总概（预）算汇总表

建设项目名称：　　　　　　　　　　　　　　　　　　　　　第　页　共　页　01-1表

项次	工程或费用名称	单位	总数量	概（预）算金额（元）			合计	技术经济指标	各项费用比例（％）	备注
			填表说明：1. 一个建设项目分若干单项工程编制概（预）算时，应通过本表汇总全部建设项目概（预）算金额。 2. 本表反映一个建设项目的各项费用组成，概（预）算总值和技术经济指标。 3. 本表"项次"、"工程或费用名称"、"单位"、"总数量"、"概（预）算金额"应由各单项或单位工程总概（预）算表（01表）转来，"目"、"节"可视需要增减，"项"应保留。 4. "技术经济指标"以各项概（预）算金额汇总合计除以相应总数量计算"各项费用比例"以汇总的各项目概（预）算金额合计除以总估算金额合计计算。							

编制：　　　　　　　　　　　　　　　　　　　　　　　　　　　　　　　复核：

总概（预）算人工、主要材料、机械台班数量汇总表

建设项目名称：　　　　　　　　　　　　　　　　　　　　　第　页　共　页　02-1表

序号	规格名称	单位	总数量	编制范围				
				填表说明：1. 一个建设项目分若干个单项工程编制概（预）算时，应通过本表汇总全部建设项目的人工、主要材料、机械台班数量。 2. 本表各栏数据均由各单项或单位工程概（预）算中的人工、主要材料、机械台班数量汇总表（02表）转来，"编制范围"指单项或单位工程。				

编制：　　　　　　　　　　　　　　　　　　　　　　　　　　　　　　　复核：

总概（预）算表

建设项目名称：

编制范围

项	目	节	细目	工程或费用名称	单位	数量	概（预）算金额（元）	技术经济指标	各项费用比例（%）	备注
				填表说明：1. 本表反映一个单项或单位工程的各项费用组成、概（预）算金额、技术经济指标等。 2. 本表"项"、"目"、"节"、"细目"、"工程或费用名称"、"单位"等应按概（预）算项目表的序列及内容填写。"目"、"节"、"细目"可视需要增减，但"项"应保留。 3. "数量"、"概（预）算金额"由建筑工程费计算表（03表）、设备、工具、器具购置费计算表（05表）、工程建设其他费用及回收金额计算表（06表）转来。 4. "技术经济指标"以各项目概（预）算金额除以相应数量计算，"各项费用比例"以各项概（预）算金额除以总概（预）算金额计算。						

编制：　　　　　　　　　　　　　　　　　　　　　　　　　　复核：

人工、主要材料、机械台班数量汇总表

建设项目名称：

编制范围：

序号	规格名称	单位	总数量	分项统计			场外运输损耗	
							%	数量
			填表说明：1. 本表各栏数据由分项工程概（预）算基础数据表（08表）及辅助生产工、料、机械台班单位数量表（12表）经分析计算后统计而来。 2. 发生的冬、雨期及夜间施工增工及临时设施用工，根据有关附录规定计算后列入本表有关项目内。					

编制：　　　　　　　　　　　　　　　　　　　　　　　　　　复核：

建筑安装工程费计算表

建设项目名称

编制范围：　　　　　　　　　　　　　　　　　　　　　　　　　第　页　共　页 03 表

序号	工程名称	单位	工程量	直接费（元）						间接费（元）	利润（元）费率%	税金（元）综合税率%	建筑安装工程费	
				直接工程费				其他工程费	合计				合计（元）	单价（元）
				人工费	材料费	机械使用费	合计							
1	2	3	4	5	6	7	8	9	10	11	12	13	14	15
							填表说明：本表各栏数据之间关系，5～7 均由 08 表经计算转来，8＝5＋6＋7，9＝8×9 的费率或（5＋7）×9 的费率，10＝8＋9，11＝5×规费综合费率＋10×企业管理费综合费率，12＝(10＋11－规费)×12 的费率，13＝(10＋11＋12)×综合税率，14＝10＋11＋12＋13，15＝14÷4。							

编制：　　　　　　　　　　　　　　　　　　　　　　　　　　　　　　　　复核：

其他工程费及间接费综合费率计算表

建设项目名称

编制范围：　、　　　　　　　　　　　　　　　　　　　　　　　第　页　共　页 04 表

序号	工程类别	其他工程费费率（%）												综合费率		间接费费率（%）											
																规费						企业管理费				
		冬期施工增加费	雨期施工增加费	夜间施工增加费	高原地区施工增加费	风沙地区施工增加费	沿海地区施工增加费	行车干扰工程施工增加费	标准化及安全施工措施	临时设施费	施工辅助费	工地转移费		I	II	养老保险费	失业保险费	医疗保险费	住房公积金	工作保险费	综合费率	基本费用	主副食运费补贴	职工探亲路费	职工取暖补贴	财务费用	综合费率
1	2	3	4	5	6	7	8	9	10	11	12	13	14	15	16	17	18	19	20	21	22	23	24	25	26	27
													填表说明：本表应根据建设工程项目具体情况，按概（预）算编制办法有关规定填入数据计算。其中：14＝3＋4＋5＋8＋10＋11＋12＋13，15＝6＋7＋9，21＝16＋17＋18＋19＋20，27＝22＋23＋24＋25＋26。												

编制：　　　　　　　　　　　　　　　　　　　　　　　　　　　　　　　　复核：

设备、工具、器具购置费计算表

建设项目名称：

编制范围：

序号	设备、工具、器具规格名称	单位	数量	单价（元）	金额（元）	说明
				填表说明：本表应根据具体的设备、		
				工具、器具购置费清单进		
				行计算，包括设备规格、		
				单位、数量、单价以及需		
				要说明的有关问题。		

编制：   复核：

工程建设其他费用计算表

建设项目名称：

编制范围：

序号	费用名称及回收金额项目	说明及计算式	金额（元）	备注
	填表说明：本表应按具体发生的工程建设其他费用填写，需要说明			
	和具体计算的费用项目依次相应在说明及计算式栏内填			
	写或具体计算，各项费用具体填写如下：			
	1. 土地征用及拆迁补偿费应填写土地补偿单价、数量和			
	安置补助费标准、数量等，列式计算所需费用，填入金			
	额栏。			
	2. 建设项目管理费包括建设单位（业主）管理费、工程			
	监理费、设计文件审查费、竣（交）工验收试验检测费，			
	按"建筑安装工程费×费率"或有关定额列式计算。			
	3. 研究试验费应根据设计需要进行研究试验的项目分别			
	填写项目名称及金额或列式计算或进行说明。			
	4. 建设项目前期工作费按国家有关规定填入本表，列式			
	计算。			
	5. 其余有关工程建设其他费用的填入和计算方法，根据			
	规定依此类推。			

编制：   复核：

人工、材料、机械台班单价汇总表

建设项目名称：

编制范围：   第 页 共 页 07表

序号	名称	单位	代号	预算单价（元）	备注	序号	名称	单位	代号	预算单价（元）	备注
			填表说明：本表预算单价主要由材料预算单价计算表								
			（09表）和机械台班单价计算表（11表）								
			转来。								

编制：   复核：

建筑安装工程费计算数据表

编制范围：

工程名称：   第 页 共 页 08-1表

项的代号	本项目数	目的代号	本目节数	节的代号	本节细目数	细目的代号	费率编号	定额个数	定额代号	项或目或节或细目或定额的名称	单位	数量	定额调整情况
											填表说明：1. 本表应逐行从左到右横向跨栏填写。			
										2. "项"、"目"、"节"、"细目"、"定额"等的代号应根据实			
										际需要按《公路基本建设概算预算编制办法》附录四概			
										（预）算项目表的序列及内容填写。			
										3. 本表主要是为利用计算机软件编制概（预）算提供基础			
										数据，具体填表规则由软件用户手册详细制定。			

编制：   复核：

分项工程（概）预算表

编制范围：
工程名称：

第　页　共　页　08-2 表

编号	工、料、机名称		工程项目										合计	
			工程细目											
			定额单位											
			工程数量											
			定额表号											
		单位	单价(元)	定额	数量	金额(元)	定额	数量	金额(元)	定额	数量	金额(元)	数量	金额(元)
1	人工	工日												
2	……													
	定额基价	元												
	直接工程费	元												
	其他工程费　Ⅰ	元												
	其他工程费　Ⅱ	元												
	间接费　规费	元												
	间接费　企业管理费	元												
	利润及税金	元												
	建筑安装工程费	元												

填表说明：1. 本表按具体分项工程项目数量、对应概（预）算定额子目填写，单价由 07 表转来，金额＝工、料、机各项的单价×定额×数量。

2. 其他工程费按相应项目的直接工程费或人工费与施工机械使用费之和×规定费率计算。

3. 规费按相应项目的人工费×规定费率计算。

4. 企业管理费按相应项目的直接费×规定费率计算。

5. 利润按相应项目的（直接费＋间接费－规费）×利润率计算。

6. 税金按相应项目的（直接费＋间接费＋利润）×税率计算。

编制：　　　　　　　　　　　　　　　　　　　　　　　　复核：

材料预算单价计算表

建设项目名称：
编制范围：

第　页　共　页　09 表

序号	规格名称	单位	原价(元)	运杂费					原价运费合计(元)	场外运输损耗		采购及保管费		预算单价(元)
				供应地点	运输方式、比重及运距	毛重系数或单位毛重	运杂费构成说明或计算式	单位运费(元)		费率(%)	金额(元)	费率(%)	金额(元)	

填表说明：1. 本表计算各种材料自供应地点或料场至工地的全部运杂费与材料原价及其他费用组成预算单价。

2. 运输方式按火车、汽车、船舶等及所占运输比重填写。

3. 毛重系数、场外运输损耗、采购及保管费按规定填写。

4. 根据材料供应地点、运输方式、运输单价、毛重系数等，通过运杂费构成说明或计算式，计算得出材料单位运费。

5. 材料原价与单位运费、场外运输损耗、采购及保管费组成材料预算单价。

编制：　　　　　　　　　　　　　　　　　　　　　　　　复核：

105

自采材料料场价格计算表

建设项目名称：
编制范围：　　　　　　　　　　　　　　　　　　　　　　　第　页　共　页　10 表

序号	定额	材料规格	单位	料场价格	人工（工日）单价（元）		间接费（元）（占人工费%）	（　　）单价（元）		（　　）单价（元）		（　　）单价（元）		（　　）单价（元）	
					定额	金额		定额	金额	定额	金额	定额	金额	定额	金额
				填表说明：1. 本表主要用于分析计算自采材料料场价格，应将选用的定额人工、材料、机械台班数量全部列出，包括相应的工、料、机单价。 2. 材料规格用途相同而生产方式（如人工捶碎石、机械轧碎石）不同时，应分别计算单价，再以各种生产方式所占比重根据合计价格加权平均计算料场价格。 3. 定额中机械台班有调整系数时，应在本表内计算。											

编制：　　　　　　　　　　　　　　　　　　　　　　　　　　　　　　　复核：

机械台班单价计算表

建设项目名称：
编制范围：　　　　　　　　　　　　　　　　　　　　　　　第　页　共　页　11 表

序号	定额号	机械规格名称	台班单价（元）	不变费用（元）		可变费用（元）								合计
				调整系数：		人工：（元/工日）		汽油：（元/kg）		柴油：（元/kg）		……		
				定额	调整值	定额	金额	定额	金额	定额	金额	定额	金额	
				填表说明：1. 本表应根据公路工程机械台班费用定额进行计算，不变费用如有调整系数应填入调整值；可变费用各栏填入定额数量。 2. 动力燃料的单价由材料预算单价计算表（09 表）中转来。										

编制：　　　　　　　　　　　　　　　　　　　　　　　　　　　　　　　复核：

辅助生产工、料、机械台班单位数量表

建设项目名称：
编制范围：

第 页 共 页 12表

序号	规格名称	单位	人工（工日）					
			填表说明：本表各栏由自采材料料场价格计算表					
			（10表）统计而来。					

编制：   复核：

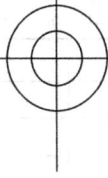

全国冬期施工气温区划分表

省、自治区、直辖市	地区、市、自治州、盟（县）	气温区	
北京	全境	冬二	I
天津	全境	冬二	I
河北	石家庄、邢台、邯郸、衡水市（冀州市、枣强县、故城县）	冬一	II
	廊坊、保定（涞源县及以北除外）、衡水（冀州市、枣强县、故城县除外）、沧州市	冬二	I
	唐山、秦皇岛市		II
	承德（围场县除外）、张家口（沽源县、张北县、尚义县、康保县除外）、保定市（涞源县及以北）	冬三	
	承德（围场县）、张家口市（沽源县、张北县、尚义县、康保县）	冬四	
山西	运城市（万荣县、夏县、绛县、新绛县、稷山县、闻喜县除外）	冬一	II
	运城（万荣县、夏县、绛县、新绛县、稷山县、闻喜县）、临汾（尧都区、侯马市、曲沃县、翼城县、襄汾县、洪洞县）、阳泉（孟县市除外）、长治（黎城县）、晋城市（城区、泽州县、沁水县、阳城县）	冬二	I
	太原（娄烦县除外）、阳泉（孟县）、长治（黎城县除外）、晋城（城区、泽州县、沁水县、阳城县除外）、晋中（寿阳县、和顺县、左权县除外）、临汾（尧都区、侯马市、曲沃县、翼城县、襄汾县、洪洞县除外）、吕梁市（孝义市、汾阳市、文水县、交城县、柳林县、石楼县、交口县、中阳县）		II
	太原（娄烦县）、大同（左云县除外）、朔州（右玉县除外）、晋中（寿阳县、和顺县、左权县）、忻州、吕梁市（离石区、临县、岚县、方山县、兴县）	冬三	
	大同（左云县）、朔州市（右玉县）	冬四	
内蒙古	乌海市、阿拉善盟（阿拉善左旗、阿拉善右旗）	冬二	I
	呼和浩特（武川县除外）、包头（固阳县除外）、赤峰、鄂尔多斯、巴彦淖尔、乌兰察布市（察哈尔右翼中旗除外）、阿拉善盟（额济纳旗）	冬三	
	呼和浩特（武川县）、包头（固阳县）、通辽、乌兰察布市（察哈尔右翼中旗）、锡林郭勒（苏尼特右旗、多伦县）、兴安盟（阿尔山市除外）	冬四	
	呼伦贝尔市（海拉尔区、新巴尔虎右旗、阿荣旗）、兴安（阿尔山市）、锡林郭勒盟（冬四区以外各地）	冬五	
	呼伦贝尔市（冬五区以外各地）	冬六	

省、自治区、直辖市	地区、市、自治州、盟（县）	气温区	
辽宁	大连市（瓦房店市、普兰店市、庄河市除外）、葫芦岛市（绥中县）	冬二	Ⅰ
	沈阳（康平县、法库县除外）、大连（瓦房店市、普兰店市、庄河市）、鞍山、本溪（桓仁县除外）、丹东、锦州、阜新、营口、辽阳、朝阳（建平县除外）、葫芦岛（绥中县除外）、盘锦市	冬三	
	沈阳（康平县、法库县）、抚顺、本溪（桓仁县）、朝阳（建平县）、铁岭市	冬四	
吉林	长春（榆树市除外）、四平、通化（辉南县除外）、辽源、白山（靖宇县、抚松县、长白县除外）、松原（长岭县）、白城市（通榆县）、延边自治州（敦化市、汪清县、安图县除外）	冬四	
	长春（榆树市）、吉林、通化（辉南县）、白山（靖宇县、抚松县、长白县）、白城（通榆县除外）、松原市（长岭县除外）、延边自治州（敦化市、汪清县、安图县）	冬五	
黑龙江	牡丹江市（绥芬河市、东宁县）	冬四	
	哈尔滨（依兰县除外）、齐齐哈尔（讷河市、依安县、富裕县、克山县、克东县、拜泉县除外）、绥化（安达市、肇东市、兰西县）、牡丹江（绥芬河市、东宁县除外）、双鸭山（宝清县）、佳木斯（桦南县）、鸡西、七台河、大庆市	冬五	
	哈尔滨（依兰县）、佳木斯（桦南县除外）、双鸭山（宝清县除外）、绥化（安达市、肇东市、兰西县除外）、齐齐哈尔（讷河市、依安县、富裕县、克山县、克东县、拜泉县）、黑河、鹤岗、伊春市、大兴安岭地区	冬六	
上海	全境	准二	
江苏	徐州、连云港市	冬一	Ⅰ
	南京、无锡、常州、淮安、盐城、宿迁、扬州、泰州、南通、镇江、苏州市	准二	
浙江	杭州、嘉兴、绍兴、宁波、湖州、衢州、舟山、金华、温州、台州、丽水市	准二	
安徽	亳州	冬一	Ⅰ
	阜阳、蚌埠、淮南、滁州、合肥、六安、马鞍山、巢湖、芜湖、铜陵、池州、宣城、黄山市	准一	
	淮北、宿州市	准二	
福建	宁德（寿宁县、周宁县、屏南县）、三明市	准一	
江西	南昌、萍乡、景德镇、九江、新余、上饶、抚州、宜春市	准一	
山东	全境	冬一	Ⅰ
河南	安阳、商丘、周口（西华县、淮阳县、鹿邑县、扶沟县、太康县）、新乡、三门峡、洛阳、郑州、开封、鹤壁、焦作、济源、濮阳、许昌市	冬一	Ⅰ
	驻马店、信阳、南阳、周口（西华县、淮阳县、鹿邑县、扶沟县、太康县除外）、平顶山、漯河市	准二	

109

续表

省、自治区、直辖市	地区、市、自治州、盟（县）	气温区	
湖北	武汉、黄石、荆州、荆门、鄂州、宜昌、咸宁、黄冈、天门、潜江、仙桃市、恩施自治州	准一	
	孝感、十堰、襄樊、随州市、神农架林区	准二	
湖南	全境	准一	
四川	阿坝（黑水县）、甘孜自治州（新龙县、道浮县、泸定县）	冬一	Ⅱ
	甘孜自治州（甘孜县、康定县、白玉县、炉霍县）	冬二	Ⅰ
	阿坝（壤塘县、红原县、松潘县）、甘孜自治州（德格县）		Ⅱ
	阿坝（阿坝县、若尔盖县、九寨沟县）、甘孜自治州（石渠县、色达县）	冬三	
	广元市（青川县）、阿坝（汶川县、小金县、茂县、理县）、甘孜（巴塘县、雅江县、得荣县、九龙县、理塘县、乡城县、稻城县）、凉山自治州（盐源县、木里县）	准一	
	阿坝（马尔康县、金川县）、甘孜自治州（丹巴县）	准二	
贵州	贵阳、遵义（赤水市除外）、安顺市、黔东南、黔南、黔西南自治州	准一	
	六盘水市、毕节地区	准二	
云南	迪庆自治州（德钦县、香格里拉县）	冬一	Ⅱ
	曲靖（宣威市、会泽县）、丽江（玉龙县、宁蒗县）、昭通市（昭阳区、大关县、威信县、彝良县、镇雄县、鲁甸县）、迪庆（维西县）、怒江（兰坪县）、大理自治州（剑川县）	准一	
西藏	拉萨市（当雄县除外）、日喀则（拉孜县）、山南（浪卡子县、错那县、隆子县除外）、昌都（芒康县、左贡县、类乌齐县、丁青县、洛隆县除外）、林芝地区	冬一	Ⅰ
	山南（隆子县）、日喀则地区（定日县、聂拉木县、亚东县、拉孜县除外）		Ⅱ
	昌都地区（洛隆县）	冬二	Ⅰ
	昌都（芒康县、左贡县、类乌齐县、丁青县）、山南（浪卡子县）、日喀则（定日县、聂拉木县）、阿里地区（普兰县）		Ⅱ
	拉萨市（当雄县）、那曲（安多县除外）、山南（错那县）、日喀则（亚东县）、阿里地区（普兰县除外）	冬三	
	那曲地区（安多县）	冬四	
陕西	西安、宝鸡、渭南、咸阳（彬县、旬邑县、长武县除外）、汉中（留坝县、佛坪县）、铜川市（耀州区）	冬一	Ⅰ
	铜川（印台区、王益区）、咸阳市（彬县、旬邑县、长武县）		Ⅱ
	延安（吴起县除外）、榆林（清涧县）、铜川市（宜君县）	冬二	Ⅱ
	延安（吴起县）、榆林市（清涧县除外）	冬三	
	商洛、安康、汉中市（留坝县、佛坪县除外）	准二	

省、自治区、直辖市	地区、市、自治州、盟（县）	气温区	
甘肃	陇南市（两当县、徽县）	冬一	II
	兰州、天水、白银（会宁县、靖远县）、定西、平凉、庆阳、陇南市（西和县、礼县、宕昌县）、临夏、甘南自治州（舟曲县）	冬二	II
	嘉峪关、金昌、白银（白银区、平川区、景泰县）、酒泉、张掖、武威市、甘南自治州（舟曲县除外）	冬三	
	陇南市（武都区、文县）	准一	
	陇南市（成县、康县）	准二	
青海	海东地区（民和县）	冬二	II
	西宁市、海东地区（民和县除外）、黄南（泽库县除外）、海南、果洛（班玛县、达日县、久治县）、玉树（囊谦县、杂多县、称多县、玉树县）、海西自治州（德令哈市、格尔木市、都兰县、乌兰县）	冬三	
	海北（野牛沟、托勒除外）、黄南（泽库县）、果洛（玛沁县、甘德县、玛多县）、玉树（曲麻莱县、治多县）、海西自治州（冷湖、茫崖、大柴旦、天峻县）	冬四	
	海北（野牛沟、托勒）、玉树（清水河）、海西自治州（唐古拉山区）	冬五	
宁夏	全境	冬二	II
新疆	阿拉尔市、喀什（喀什市、伽师县、巴楚县、英吉沙县、麦盖提县、莎车县、叶城县、泽普县）、哈密（哈密市泌城镇）、阿克苏（沙雅县、阿瓦提县）、和田地区、伊犁（伊宁市、新源县、霍城县霍尔果斯镇）、巴音郭楞（库尔勒市、若羌县、且末县、尉犁县铁干里克）、克孜勒苏自治州（阿图什市、阿克陶县）	冬二	I
	喀什地区（岳普湖县）		II
	乌鲁木齐市（牧业气象试验站、达坂城区、乌鲁木齐县小渠子乡）、塔城（乌苏市、沙湾县、额敏县除外）、阿克苏（沙雅县、阿瓦提县除外）、哈密（哈密布十三间房、哈密市红柳河、伊吾县淖毛湖）、喀什（塔什库尔干县）、吐鲁番地区、克孜勒苏（乌恰县、阿合奇县）、巴音郭楞（和静县、焉耆县、和硕县、轮台县、尉犁县、且末县塔中）、伊犁自治州（伊宁市、霍城县、察布查尔县、尼勒克县、巩留县、昭苏县、特克斯县）	冬三	
	乌鲁木齐市（冬三区以外各地区）、塔城（额敏县、乌苏市）、阿勒泰（阿勒泰市、哈巴河县、吉木乃县）、哈密地区（巴里坤县）、昌吉（昌吉市、米泉市、木垒县、奇台县北塔山镇、阜康市天池）、博尔塔拉（温泉县、精河县、阿拉山口口岸）、克孜勒苏自治州（乌恰县吐尔尕特口岸）	冬四	
	克拉玛依、石河子市、塔城（沙湾县）、阿勒泰地区（布尔津县、福海县、富蕴县、青河县）、博尔塔拉（博乐市）、昌吉（阜康市、玛纳斯县、呼图壁县、吉木萨尔县、奇台县、米泉市蔡家湖）、巴音郭楞自治州（和静县巴音布鲁克乡）	冬五	

注：表中行政区划以 2006 年地图出版社出版的《中华人民共和国行政区划简册》为准。为避免繁冗，各民族自治州名称予以简化，如青海省的"海西蒙古族藏族自治州"简化为"海西自治州"。

111

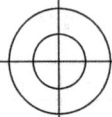

附录D

全国雨期施工雨量区及雨季期划分表

省、自治区、直辖市	地区、市、自治州、盟（县）	雨量区	雨季期（月数）
北京	全境	II	2
天津	全境	I	2
河北	张家口、承德地区（围场县）	I	1.5
	承德（围场县除外）、保定、沧州、石家庄、廊坊、邢台、衡水、邯郸、唐山、秦皇岛市	II	2
山西	全境	I	1.5
内蒙古	呼和浩特、通辽、呼伦贝尔（海拉尔区、满洲里市、陈巴尔虎旗、鄂温克旗）、鄂尔多斯（东胜区、准格尔旗、伊金霍洛旗、达拉特旗、乌审旗）、赤峰、包头、乌兰察布市（集宁区、化德县、商都县、兴和县、四子王旗、察哈尔右翼中旗、察哈尔右翼后旗、卓资县及以南）、锡林郭勒盟（锡林浩特市、多伦县、太仆寺旗、西乌珠穆沁旗、正蓝旗、正镶白旗）	I	1
	呼伦贝尔市（牙克石市、额尔古纳市、鄂伦春旗、扎兰屯市及以东）、兴安盟		2
辽宁	大连（长海县、瓦房店市、普兰店市、庄河市除外）、朝阳市（建平县）	I	2
	沈阳（康平县）、大连（长海县）、锦州（北镇市除外）、营口（盖州市）、朝阳市（凌源市、建平县除外）		2.5
	沈阳（康平县、辽中县除外）、大连（瓦房店市）、鞍山（海城市、台安县、岫岩县除外）、锦州（北镇市）、阜新、朝阳（凌源市）、盘锦、葫芦岛（建昌县）、铁岭市		3
	抚顺（新宾县）、辽阳市		3.5
	沈阳（辽中县）、鞍山（海城市、台安县）、营口（盖州市除外）、葫芦岛市（兴城市）	II	2.5
	大连（普兰店市）、葫芦岛市（兴城市、建昌县除外）		3
	大连（庄河市）、鞍山（岫岩县）、抚顺（新宾县除外）、丹东（凤城市、宽甸县除外）、本溪市		3.5
	丹东市（凤城市、宽甸县）		4
吉林	辽源、四平（双辽市）、白城、松原市	I	2
	吉林、长春、四平（双辽除外）、白山市、延边自治州	II	2
	通化市		3
黑龙江	哈尔滨（市区、呼兰区、五常市、阿城区、双城市）、佳木斯（抚远县）、双鸭山（市区、集贤县除外）、齐齐哈尔（拜泉县、克东县除外）、黑河（五大连池市、嫩江县除外）、绥化（北林区、海伦市、望奎县、绥棱县、庆安县除外）、牡丹江、大庆、鸡西、七台河市、大兴安岭地区（呼玛县除外）	I	2

省、自治区、直辖市	地区、市、自治州、盟（县）	雨量区	雨季期（月数）
黑龙江	哈尔滨（市区、呼兰区、五常市、阿城区、双城市除外）、佳木斯（抚远县除外）、双鸭山（市区、集贤县）、齐齐哈尔（拜泉县、克东县）、黑河（五大连池市、嫩江县除外）、绥化（北林区、海伦市、望奎县、绥棱县、庆安县）、鹤岗、伊春市、大兴安岭地区（呼玛县）	II	2
上海	全境	II	4
江苏	徐州、连云港市	II	2
	盐城市		3
	南京、镇江、淮安、南通、宿迁、扬州、常州、泰州市		4
	无锡、苏州市		4.5
浙江	舟山市	II	4
	嘉兴、湖州市		4.5
	宁波、绍兴市		6
	杭州、金华、温州、衢州、台州、丽水市		7
安徽	亳州、淮北、宿州、蚌埠、淮南、六安、合肥市	II	1
	阜阳市		2
	滁州、巢湖、马鞍山、芜湖、铜陵、宜城市		3
	池州市		4
	安庆、黄山市		5
福建	泉州市（惠安县崇武）	I	4
	福州（平潭县）、泉州（晋江市）、厦门（同安区除外）、漳州市（东山县）	II	5
	三明（永安市）、福州（市区、长乐市）、莆田市（仙游县除外）		6
	南平（顺昌县除外）、宁德（福鼎市、霞浦县）、三明（永安市、龙溪县、大田县除外）、福州（市区、长乐市、平潭县除外）、龙岩（长汀县、连城县）、泉州（晋江市、惠安县崇武、德化县除外）、莆田（仙游县）、厦门（同安区）、漳州市（东山县除外）		7
	南平（顺昌县）、宁德（福鼎市、霞浦县除外）、三明（龙溪县、大田县）、龙岩（长汀县、连城县除外）、泉州市（德化县）		8
江西	南昌、九江、吉安市	II	6
	萍乡、景德镇、新余、鹰潭、上饶、抚州、宜春、赣州市		7
山东	济南、潍坊、聊城市	I	3
	淄博、东营、烟台、济宁、威海、德州、滨州市		4
	枣庄、泰安、莱芜、临沂、菏泽市		5
	青岛市	II	3
	日照市		4
河南	郑州、许昌、洛阳、济源、新乡、焦作、三门峡、开封、濮阳、鹤壁市	I	2
	周口、驻马店、漯河、平顶山、安阳、商丘市		3
	南阳市		4
	信阳市	II	2

省、自治区、直辖市	地区、市、自治州、盟（县）	雨量区	雨季期（月数）
湖北	十堰、襄樊、随州市、神农架林区	I	3
	宜昌（秭归县、远安县、兴山县）、荆门市（钟祥市、京山县）	II	2
	武汉、黄石、荆州、孝感、黄冈、咸宁、荆门（钟祥市、京山县除外）、天门、潜江、仙桃、鄂州、宜昌市（秭归县、远安县、兴山县除外）、恩施自治州		6
湖南	全境	II	6
广东	茂名、中山、汕头、潮州市	I	5
	广州、江门、肇庆、顺德、湛江、东莞市		6
	珠海市	II	5
	深圳、阳江、汕尾、佛山、河源、梅州、揭阳、惠州、云浮、韶关市		6
	清远市		7
广西	百色、河池、南宁、崇左市	II	5
	桂林、玉林、梧州、北海、贵港、钦州、防城港、贺州、柳州、来宾市		6
海南	全境	II	6
重庆	全境	II	4
四川	甘孜自治州（巴塘县）	I	1
	阿坝（若尔盖县）、甘孜自治州（石渠县）		2
	乐山（峨边县）、雅安市（汉源县），甘孜自治州（甘孜县、色达县）		3
	雅安（石棉县）、绵阳（平武县）、泸州（古蔺县）、遂宁市、阿坝（若尔盖县、汶川县除外）、甘孜自治州（巴塘县、石渠县、甘孜县、色达县、九龙县、得荣县除外）		4
	南充（高坪区）、资阳市（安岳县）		5
	宜宾市（高县）、凉山自治州（雷波县）	II	3
	成都、乐山（峨边县、马边县除外）、德阳、南充（南部县）、绵阳（平武县除外）、资阳（安岳县除外）、广元、自贡、攀枝花、眉山市、凉山（雷波县除外）、甘孜自治州（九龙县）		4
	乐山（马边县）、南充（高坪区、南部县除外）、雅安（汉源县、石棉县除外）、广安（邻水县除外）、巴中、宜宾（高县除外），泸州（古蔺县除外）、内江市		5
	广安（邻水县）、达州市		6
贵州	贵阳、遵义市、毕节地区	II	4
	安顺市、铜仁地区、黔东南自治州		5
	黔西南自治州		6
	黔南自治州		7

114

省、自治区、直辖市	地区、市、自治州、盟（县）	雨量区	雨季期（月数）
云南	昆明（市区、嵩明县除外）、玉溪、曲靖（富源县、师宗县、罗平县除外）、丽江（宁蒗县、永胜县）、思茅（墨江县）、昭通市、怒江（兰坪县、泸水县六库镇）、大理（大理市、漾濞县除外）、红河（个旧市、开远市、蒙自县、红河县、石屏县、建水县、弥勒县、泸西县）、迪庆、楚雄自治州	I	5
	保山（腾冲县、龙陵县除外）、临沧市（凤庆县、云县、永德县、镇康县）、怒江（福贡县、泸水县）、红河自治州（元阳县）		6
	昆明（市区、嵩明县）、曲靖（富源县、师宗县、罗平县）、丽江（古城区、华坪县）、思茅区（翠云区、景东县、镇沅县、普洱县、景谷县）、大理（大理市、漾濞县）、文山自治州	II	5
	保山（腾冲县、龙陵县）、临沧（临翔区、双江县、耿马县、沧源县）、思茅区（西盟县、澜沧县、孟连县、江城县）怒江（贡山县）、德宏、红河（绿春县、金平县、屏边县、河口县）、西双版纳自治州		6
西藏	那曲（索县除外）、山南（加查县除外）、日喀则（定日县）、阿里地区	I	1
	拉萨市、那曲（索县）、昌都（类乌齐县、丁青县、芒康县除外）日喀则（拉孜县）、林芝地区（察隅县）		2
	昌都（类乌齐县）、林芝地区（米林县）		3
	昌都（丁青县）、林芝地区（米林县、波密县、察隅县除外）		4
	林芝地区（波密县）		5
	山南（加查县）、日喀则地区（定日县、拉孜县除外）	II	1
	昌都地区（芒康县）		2
陕西	榆林、延安市	I	1.5
	铜川、西安、宝鸡、咸阳、渭南市、杨凌区		2
	商洛、安康、汉中市		3
甘肃	天水（甘谷县、武山县）、陇南县（武都区、文县、礼县），临夏回族自治州（康乐县、广河县、永靖县）、甘南自治州（夏河县）	I	1
	天水（麦积区、秦州区）、定西（渭源县）、庆阳（西峰区）、陇南市（西和县）、临夏（临夏市）、甘南自治州（临潭县、卓尼县）		1.5
	天水（秦安县）、定西（临洮县、岷县）、平凉（崆峒区）、庆阳（华池县、宁县、环县）、陇南市（宕昌县）、临夏（临夏县、东乡县、积石山县）、甘南自治州（合作市）		2
	天水（张家川县）、平凉（静宁县、庄浪县）、庆阳（镇原县）、陇南市（两当县）、临夏（和政县）、甘南自治州（玛曲县）	I	2.5
	天水（清水县）、平凉（泾川县、灵台县、华亭县、崇信县）、庆阳（西峰区、合水县、正宁县）、陇南市（徽县、成县、康县）、甘南自治州（碌曲县、迭部县）		3
青海	西宁市（湟源县）、海东地区（平安县、乐都县、民和县、化隆县）、海北（海晏县、祁东县、刚察县、托勒）、海南（同德县、贵南县）、黄南（泽库县、同仁县）、海西自治州（天峻县）	I	1

省、自治区、直辖市	地区、市、自治州、盟（县）	雨量区	雨季期（月数）
青海	西宁市（湟源县除外），海东地区（互助县），海北（门源县）、果洛（达日县、久治县、班玛县）、玉树自治州（称多县、杂多县、囊谦县、玉树县）、河南自治县	I	1.5
宁夏	固原地区（隆德县、泾源县）	I	2
新疆	乌鲁木齐市（小渠子乡、牧业气象试验站、大西沟乡）、昌吉地区（阜康市天池）、克孜勒苏（吐尔尕特、托云、巴音库鲁提）、伊犁自治州（昭苏县、霍城县二台、松树头）	I	1
台湾	（资料暂缺）		

注：1. 表中未列的地区除西藏林芝地区墨脱县因无资料未划分外，其余地区均因降雨天数或平均日降雨量未达到计算雨期施工增加费的标准，故未划分雨量区及雨季期。

2. 行政区划依据资料及自治州、市的名称列法同冬期施工气温区划分说明。

附录E

全国风沙地区公路施工区划表

区划	沙漠（地）名称	地理位置	自然特征
风沙一区	呼伦贝尔沙地、嫩江沙地	呼伦贝尔沙地位于内蒙古呼伦贝尔平原，嫩江沙地位于东北平原西北部嫩江下游	属半干旱、半湿润严寒区，年降水量280～400mm，年蒸发量1400～1900mm，干燥度1.2～1.5
	科尔沁沙地	散布于东北平原西辽河中，下游主干及支流沿岸的冲积平原上	属半湿润温冷区，年降水量300～450mm，年蒸发量1700～2400mm，干燥度1.2～2.0
	浑善达克沙地	位于内蒙古锡林郭勒盟南部和昭乌达盟西北部	属半湿润温冷区，年降水量100～400mm，年蒸发量2200～2700mm，干燥度1.2～2.0，年平均风速3.5～5m/s，年大风日数50～80d
	毛乌素沙地	位于内蒙古鄂尔多斯中南部和陕西北部	属半干旱温热区，年降水量东部400～440mm，西部仅250～320mm，年蒸发量2100～2600mm，干燥度1.6～2.0
	库布齐沙漠	位于内蒙古鄂尔多斯北部、黄河河套平原以南	属半干旱温热区，年降水量150～400mm，年蒸发量2100～2700mm，干燥度2.0～4.0，年平均风速3～4m/s
风沙二区	乌兰布和沙漠	位于内蒙古阿拉善东北部、黄河河套平原西南部	属干旱温热区，年降水量100～145mm，年蒸发量2400～2900mm，干燥度8.0～16.0，地下水相当丰富，埋深一般为1.5～3m
	腾格里沙漠	位于内蒙古阿拉善东南部及甘肃武威部分地区	属干旱温热区，沙丘、湖盆、山地、残丘及平原交错分布，年降水量116～148mm，年蒸发量3000～3600mm，干燥度4.0～12.0
	巴丹吉林沙漠	位于内蒙古阿拉善西南边缘及甘肃酒泉部分地区	属干旱温热区，沙山高大密集，形态复杂，起伏悬殊，一般高在200～300m，最高可达420m，年降水量40～80mm，年蒸发量1720～3320mm，干燥度7.0～16.0
风沙二区	柴达木沙漠	位于青海柴达木盆地	属极干旱寒冷区，风蚀地、沙丘、戈壁、盐湖和盐土平原相互交错分布，盆地东部年均气温2～4℃，西部为1.5～2.5℃，年降水量东部为50～170mm，西部为10～25mm，年蒸发量2500～3000mm，干燥度16.0～32.0
	古尔班通古特沙漠	位于新疆北部准噶尔盆地	属干旱温冷区，其中固定、半固定沙丘面积占沙漠面积的97%，年降水量70～150mm，年蒸发量1700～2200mm，干燥度2.0～10.0

117

续表

区划	沙漠（地）名称	地理位置	自然特征
风沙三区	塔克拉玛干沙漠	位于新疆南部塔里木盆地	属极干旱炎热区，年降水量东部为20mm 左右，南部为 30mm 左右，西部40mm 左右，北部50mm 以上，年蒸发量1500～3700mm，中部达高限，干燥度＞32.0
	库姆达格沙漠	位于新疆东部、甘肃西部、罗布泊低地南部和阿尔金山北部	属极干旱炎热区，全部为流动沙丘，风蚀严重，年降水量10～20mm，年蒸发量2800～3000mm，干燥度＞32.0，8 级以上大风天数在100d 以上

参考文献

[1] 中华人民共和国行业标准. 公路基本建设工程概算预算编制办法 JTG B06—2007. 北京：人民交通出版社，2008.

[2] 中华人民共和国行业标准. 公路工程预算定额 JTG/T B06-02—2007. 北京：人民交通出版社，2008.

[3] 中华人民共和国行业标准. 公路工程概算定额 JTG/T B06-01—2007. 北京：人民交通出版社，2008.

[4] 中华人民共和国行业标准. 公路工程机械台班费用定额 JTG/T B06-03—2007. 北京：人民交通出版社，2008.

[5] 中华人民共和国交通运输部. 公路工程标准施工招标文件（2009年版）. 北京：人民交通出版社，2009.

[6] 交通运输部公路工程定额站, 湖南省交通厅. 公路工程工程量清单计量规则. 北京：人民交通出版社，2005.

[7] 高等学校土木工程学科专业指导委员会. 高等学校土木工程本科指导性专业规范. 北京：中国建筑工业出版社，2011.

[8] 王首绪等. 公路施工组织及概预算. 北京：人民交通出版社，2007.

[9] 交通运输部执业资格中心. 公路工程造价的计价与控制. 北京：人民交通出版社，2011.

[10] 沈其明等. 公路工程概算预算手册（第2版）. 北京：人民交通出版社，2010.

[11] 邬晓光等. 公路工程预算定额理解与应用. 北京：人民交通出版社，2008.

[12] 周世生等. 公路工程造价（第2版）. 北京：人民交通出版社，2012.

高等学校土木工程学科专业指导委员会规划教材（专业基础课）
（按高等学校土木工程本科指导性专业规范编写）

征订号	书　名	定价	作者	备　注
V21081	高等学校土木工程本科指导性专业规范	21.00	高等学校土木工程学科专业指导委员会	
V20707	土木工程概论（赠送课件）	23.00	周新刚	土建学科专业"十二五"规划教材
V22994	土木工程制图（含习题集、赠送课件）	68.00	何培斌	土建学科专业"十二五"规划教材
V20628	土木工程测量（赠送课件）	45.00	王国辉	土建学科专业"十二五"规划教材
V21517	土木工程材料（赠送课件）	36.00	白宪臣	土建学科专业"十二五"规划教材
V20689	土木工程试验（含光盘）	32.00	宋　彧	土建学科专业"十二五"规划教材
V19954	理论力学（含光盘）	45.00	韦　林	土建学科专业"十二五"规划教材
V20630	材料力学（赠送课件）	35.00	曲淑英	土建学科专业"十二五"规划教材
V21529	结构力学（赠送课件）	45.00	祁　皑	土建学科专业"十二五"规划教材
V20619	流体力学（赠送课件）	28.00	张维佳	土建学科专业"十二五"规划教材
V23002	土力学（赠送课件）	39.00	王成华	土建学科专业"十二五"规划教材
V22611	基础工程（赠送课件）	45.00	张四平	土建学科专业"十二五"规划教材
V22992	工程地质（赠送课件）	35.00	王桂林	土建学科专业"十二五"规划教材
V22183	工程荷载与可靠度设计原理（赠送课件）	28.00	白国良	土建学科专业"十二五"规划教材
V23001	混凝土结构基本原理（赠送课件）	45.00	朱彦鹏	土建学科专业"十二五"规划教材
V20828	钢结构基本原理（赠送课件）	40.00	何若全	土建学科专业"十二五"规划教材
V20827	土木工程施工技术（赠送课件）	35.00	李慧民	土建学科专业"十二五"规划教材
V20666	土木工程施工组织（赠送课件）	25.00	赵　平	土建学科专业"十二五"规划教材
V20813	建设工程项目管理（赠送课件）	36.00	臧秀平	土建学科专业"十二五"规划教材
V21249	建设工程法规（赠送课件）	36.00	李永福	土建学科专业"十二五"规划教材
V20814	建设工程经济（赠送课件）	30.00	刘亚臣	土建学科专业"十二五"规划教材